Denise Bergeron

les

Saisons

du

Terroir

Éditions l'Essentiel

Montréal

Données de catalogage avant publication (Canada)

Bergeron, Denise, 1924-

Les saisons du terroir
ISBN 2-9801062-7-5

1. Bergeron, Denise, 1924-   . 2. Vie rurale — Québec
(Province). 3. Québec (Province) — Mœurs et coutumes. 4.
Femmes en milieu rural — Québec (Province) — Biographies. I.
Titre.

FC2918.B472 1995   971.4'0099   C95-941167-4
F1052.B472 1995

Couverture: Éric L'Archevêque
Mise en page: Communications Jo Ann Champagne inc.

Dépôt légal: 3e trimestre 1995
Bibliothèque nationale du Québec
Bibliothèque nationale du Canada

Copyright © Les Éditions l'Essentiel inc.
Diffusion pour le Canada: les Éditions Novalis

Les Éditions l'Essentiel inc.
c.p. 208 succ. Roxboro
Roxboro, Québec H8Y 3E9

ISBN 2-9801062-7-5

En réponse

à la question de ma mère :

« As-tu appris ? »

Préface

Début du XXᵉ siècle, milieu rural, avant l'électrification, avant le téléphone et les chemins asphaltés: du vu, du vécu, en même temps qu'un hommage à nos ancêtres. Les travaux et les jours y passent. Une grande amitié s'y révèle pour les gens, leur famille, leurs rituels, leur amour du travail. Cicérone bénévole et appliquée, Denise Bergeron nous conduit tout doucement de la maison du rang à l'étable et aux bâtiments, puis aux champs et même en forêt. Quelle mémoire!

Aller aux foins comme aller aux fraises en été et, en hiver, ouvrir les chemins ou se rendre au bois, suppose des événements attendus, les uns plus heureux, comme le temps des Fêtes et des sucres, les autres plus graves lorsqu'il faut répondre à l'urgence des travaux qui n'attendent pas. Et parmi les activités les plus redoutables, l'auteure semble impressionnée par la mort violente des animaux ou par quelques surprises, tels une éclipse totale de soleil, des petits voyages en ville, des visites inattendues, des fêtes improvisées, sans oublier, bien sûr, les grandes cérémonies d'église qui rythment le passage des semaines et des mois.

Nous apprenons encore, dans ce livre de reconnaissance familiale, la manière quelque peu oubliée des petits travaux qui font le bonheur des humbles et garantissent l'équilibre de la vie des pays. À chacun son rôle, tel celui du producteur de savon, du ramoneur, du scieur de bois, de l'aiguiseur de faux ou, à l'église, celui du prédicateur de retraites annuelles qui fait hautement son devoir en vue du grand ménage des âmes! Si, en plus, nous voulons savoir la façon dont ce «peuple» sait se distraire, il n'y a qu'à participer — en lisant — au jeu de parchési, à la partie de whist, à tout ce que suscite le temps des fêtes avant le carême. Qu'il est intéressant de suivre la vie des petites gens dont on dit toujours qu'ils sont sans histoire, mais dont on apprend qu'ils sont sel de la terre et sucre du pays! Généreux. Ingénieux. Et surtout vaillants.

En si peu de mots. Chaque récit est condensé, littéralement sauvé par l'art du détail, par des précisions techniques dignes d'une ethnographe diplômée. La langue est simple, souriante oserait-on dire, surtout lorsque l'auteure rappelle les mots, les beaux mots souvent oubliés, épinglés dans le texte, tels manchon, saloir, moissonneuse, lieuse, traînerie, tasserie. Et qui veut savoir exactement ce qu'est un vrai quêteux, un saigneur, un décorneur, un tondeur de bêtes à cornes, qu'il ouvre ce livre de lecture facile.

Non, ce n'est pas un hasard que les éditions l'Essentiel aient été attirées par le manuscrit de Denise Bergeron. L'essentiel d'une vie, n'est-il pas dans le quotidien des petites tâches qui font au jour le jour la durée irréversible? L'actualité passe, comme l'information. Seul dure vraiment le quotidien, substance de l'essentiel qui, pour nos ancêtres des bourgs et des rangs, se résumerait en trois mots: aime! travaille! prie!

Benoît Lacroix, o.p.

Le Printemps

Le mois des surprises

Mars, le mois des surprises! Aussi longtemps qu'il était là, l'hiver durerait. D'étonnantes bordées de neige s'abattaient encore, suivies d'un froid mordant. Un réconfort montait cependant avec le soleil joyeux qui perçait plus longtemps chaque jour. Le printemps préparait son entrée.

La hauteur de la neige était le premier indice de changement. Chaque jour de soleil attaquait insensiblement la masse blanche par réverbération de la lumière et humidification des cristaux. Au matin, le froid avait transformé la surface de la neige en une calotte sonore capable de nous porter.

C'était le déclenchement de notre plaisir: celui de marcher et de glisser sur cette croûte blanche. Nous sortions les traîneaux. Le plus haut portait plusieurs passagers et filait longtemps parce que c'était facile de le pousser sans se courber; les autres, les plus petits, convenaient à d'autres clients. Tous les champs s'offraient à notre goût de l'aventure. À partir de l'énorme montagne de neige accumulée entre la maison et le poulailler, nous choisissions la pente douce qui menait du côté de notre grand-père. Il suffisait d'un bon élan pour franchir le pré et passer entre les piquets de la clôture presque entièrement disparue sous la neige. L'horizon familier avait changé; il n'y avait plus de lignes de démarcation.

Nous profitions aussi de ces quelques semaines pour changer le tracé du chemin des écoliers. Au lieu de suivre celui des traîneaux, nous marchions d'un pas léger, en bordure du champ, près de la clôture. Il y avait des obstacles à contourner qui mettaient du piquant à la manœuvre et enlevaient toute monotonie au parcours. Cependant, la fuite du temps et la peur d'être en retard nous ramenaient bientôt à la route traditionnelle.

Le calendrier lunaire annonçait le changement du temps. Cela nous devenait perceptible aussi, car la croûte de neige ne nous portait plus. Les monticules avaient perdu de la hauteur; le blanc devenait souillé, des creux se dessinaient, inquiétants. Il n'y avait plus moyen de passer en traîneau dans les champs; il fallait même surveiller les heures favorables pour transporter le bois à la maison. En allant à l'école, nous guettions le niveau de la neige dans les fossés qui bordaient le chemin. Celle-ci se gâtait, s'enfonçait et bientôt se trouait sous la force du courant grossi de l'apport des rigoles. C'était un autre spectacle qui nous attirait maintenant: la décoration du frasil, le matin, et le tracé serpentant emprunté par le cours de l'eau. Le bord du chemin en était chargé; y mettre le pied, c'était sûrement enfoncer jusqu'à la cheville, aventure vécue à nos risques et dépens.

Il y avait aussi, presque chaque année, une situation menaçante qui devenait catastrophique. Le rang voisin du nôtre se situait sur une colline; les propriétés faisaient la pente de notre côté. La fonte des neiges produisait, si elle se faisait trop rapidement, une accumulation d'eau dans les basses terres. Nous entendions les adultes évaluer la situation et, si nous montions au grenier, nous pouvions voir une grande étendue d'un bleu profond qui se transformerait en glace. Ce phénomène avait lieu sur une petite échelle dans le champ de notre grand-père. Nous en étions enchantés, car nous pourrions jouer sur la glace.

Mais l'état des choses, à quelques milles de nous, après nous avoir fait envier une si grande patinoire, nous effrayait maintenant quand nous apprenions que l'eau envahissait les étables et causait des problèmes que nous ne pouvions imaginer La gravité de la situation obligea, en effet, à trouver des remèdes, si bien qu'après quelques années, nous cherchions en vain les champs de glace bleue.

Les biens de la terre

L'écoulement du mois de mars faisait disparaître peu à peu le blanc paysage de l'hiver et annonçait le retour du printemps. La liturgie chrétienne manifestait de la sensibilité à l'occasion du geste de confiance à poser envers la terre nourricière. Les trois jours précédant l'Ascension étaient appelés jours des Rogations. Le mot lui-même signifiait «prières». Elles se concrétisaient par le chant des litanies où tous les saints étaient invoqués pour le succès des cultures qui seraient entreprises dans la prochaine saison. Il était souhaitable que quelqu'un représente la famille, mais ce n'était pas souvent possible. Il y avait cependant une autre occasion d'offerte.

Dans le calendrier des saints, le 25 avril était consacré à la fête de saint Marc, l'évangéliste. La tradition lui confiait la prospérité des biens de la terre, c'est-à-dire la réussite des semailles. La population urbaine prenait elle-même la chose au sérieux, sachant qu'elle endosserait, d'une manière ou d'une autre, les répercussions de l'aventure. Les paroisses annonçaient, pendant plusieurs semaines, des offrandes de messes à cette intention. À la campagne, cela devenait plus concret: on faisait bénir les grains de semence.

Chez nous, c'était grand-père qui s'occupait de la chose. Sans bruit, il recueillait dans les carrés de grain une poignée de chaque variété qu'il gardait chez lui. Par un matin de fine neige ou de blanc frimas, nous voyions partir, en boghey, un vieillard avec nos tantes, pour aller recommander à la Providence le sort des prochaines semailles. Le déplacement matinal, la distance à franchir par des chemins douteux dans ce temps de l'année forçait notre admiration.

Dans les jours suivants, grand-père entrait à la maison et donnait à ma mère une petite boîte ronde en carton portant l'étiquette «Les pilules du Dr Dodd». Après l'avoir remercié, maman nous faisait voir les grains qui avaient été mis à part et qui seraient distribuée dans le terreau choisi quand viendrait le temps. Quelle n'était pas notre surprise amusée de voir, enfouis dans l'avoine, l'orge et le sarrasin du petit bocal, quelques grains de maïs et, surtout, deux petits oignons destinés au jardin potager!

Les mauvais chemins

Chaque année, les mauvais chemins constituaient le sujet d'appréhension des cultivateurs où qu'ils soient. À l'avance, on savait qu'il faudrait compter avec une situation fragile qui pouvait devenir problématique. Aussi y avait-il des mesures de prudence à appliquer.

La fonte des neiges déclenchait le processus à surveiller. Si les fossés débordants ne trouvaient pas à s'écouler, l'eau fuirait à même le tracé du chemin, emplissant les ornières qui se creuseraient davantage. La spécificité du sol arable constituait en elle-même le caractère dominant de la situation. La terre noire retenait longtemps l'humidité et offrait peu d'appui à cause de sa friabilité; la glaise était plus dense, mais ne portait pas mieux les véhicules ou les chevaux. De plus, par sa viscosité, elle faisait autour d'un objet embourbé une succion difficile à contrer. La terre franche, que nous connaissions bien, résistait convenablement en surface; c'est un peu plus tard qu'elle faisait ses mauvais coups par l'apparition des «ventres-de-bœuf».

Au moment où les chemins étaient bien asséchés, en allant à l'école, à pied, nous découvrions quelques-unes de ces curiosités. Nous en faisions une étude sommaire pour notre plaisir. Parfois sur l'ornière tracée par le passage des roues, parfois au centre du chemin, là où marchaient les chevaux, le sol se craquelait, se gonflait souvent et devenait élastique sous nos pieds. Nous sautions à tour de rôle à cet endroit, cherchant une réaction spectaculaire. Parfois, de la boue affleurait par une craquelure, excitant notre imagination. Malgré les peurs colportées chaque année, ces gonflements du sol étaient très résistants et ne causaient pas de problèmes. Chaque fois que nous passions, nous en faisions le test; tout redevenait bientôt dans l'ordre, dans la banalité.

Les habitants, qui vivaient chaque année cette situation, prenaient donc des précautions indispensables. Les uns remettaient à plus tard les charges lourdes, les voyages dans les voitures fragiles aussi. Il y avait danger de s'enfoncer des quatre roues, comme on disait, de briser un harnais, voire d'estropier un cheval. L'état des chemins n'était pas le même sur tout le parcours. Nous étions à une distance moyenne de la grande route et, plus loin que nous, à partir de chez grand-père, le terrain s'abaissait et le chemin offrait un comportement tout autre. On résumait la situation pour renseigner quiconque disposait d'une automobile en disant que ça ne passait pas.

Cette information n'était pas connue des gens de la ville ou des étrangers qui, trop souvent hélas! par ignorance ou imprévision, connurent un itinéraire catastrophique. En fin de semaine surtout, quand nous voyions venir une auto, nous suivions l'aventure, qui se terminait toujours par un classique embourbement. Notre voisin ou mon père — suivant l'endroit de la panne — était alors sollicité pour tirer de là le véhicule mal en point. C'était un épineux problème rien que de trouver moyen, surtout la nuit, d'attacher la chaîne pour le touage, sans parler de la disproportion entre le poids à déplacer et la capacité des chevaux. Aussi était-ce parfois impossible de réussir ou encore, cela se faisait au détriment des harnais utilisés.

Ce genre de situation mettait à l'épreuve l'économie routinière de l'entreprise familiale. Nous n'avions pas l'équipement adéquat pour faire face à un tel problème. D'autre part, notre père aurait eu mauvaise conscience de refuser tout net de porter secours dans un pareil cas, lui qui ne réussissait pas toujours à se faire dédommager. Nous vivions nous-même, les enfants, une sorte d'inconfort du moment dont nous serions soulagés en même temps que nos parents avec l'arrivée des jours «séchants».

Les conserves

Le printemps s'installait peu à peu toujours en décalage sur le calendrier avec ses nuits froides et un réchauffement de quelques heures de soleil favorables au lent dégel du sol. Pour la maîtresse de maison, il importait de surveiller le thermomètre. En effet, la provision de viande congelée était encore à l'abri, au hangar, dans les carrés d'avoine qui servaient d'isolant. Au premier coup de chaleur, la situation deviendrait urgente pour la mise en conserve.

Prévoyant la chose, maman s'était procuré un cent de boîtes en fer-blanc. C'était un énorme cube en papier léger et sonnant clair où des rangées de contenants brillaient de propreté. Les couvercles, munis sur leur pourtour d'un mince caoutchouc adhésif, étaient à part. Viendrait un moment où un ingénieux appareil réussirait à confectionner avec cela les conserves les plus utiles qui deviendraient même indispensables.

La soirée précédant la date choisie pour sauver la viande — surtout le bœuf —, maman en cuisait de grandes marmites assez longtemps pour pouvoir détacher les os. Le lendemain, elle répartissait dans les contenants les morceaux plus ou moins gros avec une quantité opportune de bouillon. À un moment donné, notre voisine arrivait avec la sertisseuse qui allait opérer la fermeture des boîtes.

Cette petite machine s'ajustait au bord de la table et fonctionnait à la manivelle. Entre les trois colonnes porteuses, la boîte de conserves était déposée sur un socle rotatif à sa mesure. Son couvercle était maintenu en place par une large rondelle ajustable. Alors, pendant que la manivelle faisait tourner la boîte sur elle-même, un bras à gauche maintenait sur le couvercle une molette qui recourbait le fer-blanc tout autour. Une autre roue terminait l'écrasement du métal en y faisant de petites dents. C'était l'affaire de quelques minutes. L'instrument pouvait aussi couper le bord d'une boîte usagée et la préparer à servir de nouveau.

Venait ensuite l'opération de la mise à bouillir qui éprouvait la validité du travail. Ma mère avait de grands contenants à cet effet. L'un, cylindrique, en granit bleu gris, était garni d'un treillis de métal qui permettait de placer les boîtes et, surtout, de les retirer facilement; l'autre prenait la forme de la grande bouilloire de cuivre qui chauffait bien et avait une grande capacité de logement.

Quand venait la fin, la ménagère, ayant en mémoire le contenu et le nombre des conserves de chaque sorte, les enlevait et les mettait à refroidir sur le plancher, le long du mur, veillant à ne pas changer la température. Pour les distinguer, elle les déposait en plusieurs points et en retenait la nature. Cela prenait encore des heures et la rétraction faisait parfois un bruit éclatant dans la nuit. Le lendemain permettait de vérifier chaque unité. Face à un gonflement ou à une coulisse, on consommait tout de suite le contenu. Après la récolte d'automne, il se déploierait autant de travail dans la préparation et la cuisson des tomates et du blé d'Inde.

Le stock des conserves était maintenant remisé selon la géographie que maman déterminait. Sur le couvercle de chaque boîte, elle écrivait au crayon l'identité du produit. Elle en distribuait dans le bas du placard à l'entrée de la cave, mais surtout dans l'armoire sous la cheminée, au deuxième étage. Il y avait, d'un côté, le blé d'Inde et, de l'autre, les tomates et le jus de tomate; en-dessous, sur le plancher, le bœuf, les tranches de steak de bœuf ou de lard. De temps en temps, la bonne économe faisait l'inspection du nombre et de l'état des produits. Elle pourrait ensuite nous dire: «Va me chercher une boîte de bœuf, dans l'armoire, du côté gauche.»

C'était la promesse d'un bon repas, presque de fête, car cette viande revenue dans son jus avait un goût particulier et le cachet unique d'une spécialité de la maison.

Les veaux du printemps

Avec le mois de mars, apparaissaient les premiers rejetons des laitières, ceux que nous appelions les veaux du printemps. Parmi eux, les bouvillons étaient destinés à la vente et on les y préparait méthodiquement.

Quand le boucher demandait un veau de lait, il s'agissait de le laisser se nourrir au pis de sa mère. Souvent on prélevait une certaine quantité de lait avant de lui laisser sa part. Après quelque temps, le jeune animal était prêt à être vendu. Les autres veaux dont nous voulions nous défaire — car nous ne consommions pas cette viande — devaient être engraissés plus longtemps. Rapidement sevrés du lait maternel, ils dépendaient de nos soins. Leur nombre augmentait peu à peu et on cherchait bientôt l'espace où les mettre.

Les plus âgés — ceux que nous élevions pour le troupeau — s'abritaient dans une petite étable où étaient aussi les porcs. Ils donnaient du travail aux grands adolescents chargés de les nourrir. Les veaux naissants étaient attachés dans le bout des allées, à la tête des laitières dont ils partageaient volontiers la mangeoire. Ceux-là devenaient presque notre propriété. En effet, maman nous les confiait séparément et nous assurait que le profit de la vente irait dans notre pécule. Il nous restait à leur faire boire une potion spéciale.

Comme, pendant l'hiver, la laiterie n'achetait pas toute notre production de lait frais, nous devions l'écrémer. La crème était vendue et le petit lait était à notre disposition. Il devenait la base de la nourriture des veaux à l'engrais. Matin et soir, nous en mettions une quantité dans un seau et maman y ajoutait un complément fait d'une farine de lin cuite dans l'eau et qui s'agglomérait en une pâte gluante. Quelques cuillerées suffisaient à chacun.

Nous présentions à l'animal ce repas sur lequel il se jetait avidement. À demi étouffé par sa longe, il plongeait le mufle dans le liquide et buvait à pleines gorgées. Pendant ce temps, il fallait tenir le seau à deux mains et surveiller toute réaction subite. Il arrivait facilement qu'un gourmand s'étouffe et qu'en réagissant, il donne un coup violent sur le seau. Quelle mauvaise surprise pour l'apprenti que de voir le reste du lait se répandre dans la paille! D'autres fois, la bête tirait à elle le contenant avec son menton et ce pouvait être la même catastrophe. L'expérience nous apprenait les choses et nous devenions assez habiles pour éviter les problèmes.

Le temps des veaux créait dans l'étable un moment de promiscuité pour les bêtes et pour nous. La tête de l'animal très jeune était agréable à voir. Son comportement de calme ruminant nous effrayait si peu que nous aperçûmes un jour notre petite sœur de quatre ans joindre les bras autour du cou de celui qu'elle disait être son ami de choix.

Faire le savon

L'initiative de faire du savon du pays était totalement abandonnée à notre grand-père. Cela n'arrivait pas tous les ans et nous empêchait de compter sur une provision régulière. Il faut dire que le succès de l'opération n'était pas non plus garanti. Cependant c'était toujours pour nous d'une grande curiosité.

Aux grands froids de la mi-décembre, au moment des «boucheries», notre grand-père commençait ses lointains préparatifs en recueillant les boyaux non utilisés et la panse des animaux abattus. S'il y en avait d'autres au cours de l'hiver, il répétait le même geste. Cela était déposé quelque part dans la grange et devenait vite un amas durci par la congélation. À la fin d'avril, il s'installait dans l'étable tiède et vidait les boyaux, conservant les tissus adipeux.

Un bon matin, il attelait un cheval et partait vers le village. À son retour, il descendait un vieux sac de jute où se heurtaient des blocs de soude caustique. Rien que d'entendre ces mots jamais prononcés nous rendait des témoins médusés et d'autant plus attentifs.

Quand le beau temps s'installait, l'organisation commençait. Il y fallait plusieurs jours. La préparation du feu demandait une réserve de bois; celle du chaudron de fer, un nettoyage à fond. Alors y étaient jetées toutes les tripailles accumulées que l'on chauffait dans l'eau pour détacher le gras à récupérer après refroidissement.

Le lendemain, débutait la confection proprement dite. Au corps gras, s'ajoutaient de la soude aux effets mystérieux, de la résine et du sel. Un chauffage faisait lentement passer l'après-midi. Puis tout s'arrêtait: un grand couvercle étant posé sur la cuve pour une nuit, un jour entier et une autre nuit.

Ce nouveau matin apporterait un verdict non discutable. Si la croûte résistait au pouce, c'était bon signe. À proximité du chaudron déposé sur l'herbe, une sorte de table était dressée sur des tréteaux. Grand-père, armé d'un énorme couteau à long manche, enfonçait la lame pour tailler le premier morceau. Il traçait une ligne de bord en bord de la cuve: si tout demeurait ferme, il poursuivait, carrelant peu à peu toute la surface. Au moment de l'opération, les morceaux du centre se dégageaient un peu par flottement. Jouant les sorciers, le maître cuisinier soulevait un carré qui se prolongeait sous sa main en une texture de moins en moins serrée pour s'achever en une gélatine brune et mouvante. C'était le schéma du succès. D'un coup de couteau, il faisait retomber la gelée, puis déposait sur la table le long pain de savon qu'il partageait en trois ou quatre portions. Peu à peu, les morceaux s'additionnaient — ceux du pourtour avaient des formes adoucies — et la cuve laissait voir un liquide épais aux valeurs secrètes jugées dangereuses aussi.

Pendant des jours encore, l'étalage persistait tout en changeant d'endroit pour être à l'abri. Ma mère avait la responsabilité d'apprécier la qualité du savon du pays, ce qu'elle ne manquerait pas de faire à la prochaine lessive. De plus, pendant un certain temps, elle pourrait, en la diluant au besoin, utiliser comme détergent, la potasse, celle gélatine mouvante qui nous tenait en respect.

Ramoner la cheminée

Connaissez-vous le ramonage de la cheminée? Cette opération, déplaisante à cause de la saleté qu'elle obligeait à manipuler et exclusive de nature, piquait notre curiosité. Nous avions d'ailleurs rarement la chance de la voir. Ce que nous en savions, c'était que son omission causait de tragiques catastrophes.

Sur la fin du printemps, quand on n'a plus besoin de chauffer, on envisageait de ramoner la cheminer et de nettoyer le tuyau. Par temps calme, un homme montait sur le toit, atteignait la cheminée et y laissait glisser à l'intérieur, le long des parois, un objet lourd attaché à un câble. La suie et les débris éventuels s'accumulaient au fond, là où s'insérait le long tuyau noir. C'est lui qui demanderait tout un traitement.

Maman se protégeait les cheveux d'un mouchoir et assistait de près celui qui défaisait les cylindres de tôle ajustés les uns aux autres. Montés sur une chaise, deux adultes cherchaient à extraire une feuille du tuyau sans ébranler l'ensemble qui tenait au plafond de-ci de-là par des fils de fer. La partie détachée était alors maintenue à l'horizontale — il fallait éviter de répandre les saletés — et transportée directement dehors. Le même traitement attendait le cylindre vertical qui s'élevait au-dessus du poêle ou de la fournaise.

Les unités étaient disposées à leur rang de manière à reprendre l'insertion toute particulière de l'une dans l'autre. La base de la cheminée avait été nettoyée et le remontage des pièces commençait dans un grincement impitoyable. Parfois, des feuilles étaient trouées et devaient être changées. Les jours suivants, maman finirait l'opération en badigeonnant le tuyau en entier d'une teinture noire: de la mine à poêle qui, au premier chauffage, dégagerait son odeur propre.

Dans les grands froids d'hiver, quand papa faisait une solide attisée, la fournaise ronflait et faisait crépiter les bûches. Maman s'inquiétait et montait voir si le tuyau était rouge le long de son parcours dans la chambre des filles. Quand cela arrivait, elle préparait de grands linges mouillés que quelqu'un étendait au-dessus de l'endroit rougi. En les renouvelant, on réussissait à calmer le foyer de chaleur qui, en ce point, nourrissait ses flammèches de quelque saleté accumulée. Il y avait danger que la tôle rougie s'éventre et laisse échapper des braises qui mettent le feu au plancher.

L'ensemble des opérations du ramonage de la cheminée était donc essentiel. Nous le comprenions tout à fait dans ces moments où nous retenions notre souffle et aussi quand nous entendions dire que telle ou telle maison était passée au feu. Maman déplorait d'une voix basse: «C'est bien de valeur! Les gens chauffent trop!» ou bien «La cheminée n'avait pas dû être ramonée!»

Faire scier au moulin

Au nombre des ressources fournies par la terre à bois, les cultivateurs comptaient sur un approvisionnement en bois d'œuvre. À peu près chaque année, une certaine quantité de longs troncs de pin, d'épinette rouge ou blanche étaient mis de côté par mon père et transportés directement au moulin à scier. On en faisait un tas identifié au nom de son propriétaire et inscrit au rôle du moulin pour passer à son tour.

Le temps avançait et l'ensoleillement prolongé améliorait l'état des chemins. Un jour, papa revenait de la ville en disant que ce serait demain que notre lot de bois passerait. Deux hommes partaient donc avec le wagon double duquel on avait laissé seulement l'armature pour permettre l'empilage du bois préparé. Pendant une ou deux journées, ceux-ci collaboraient au service de sciage en indiquant exactement quel produit il fallait tirer de ce matériel et en le mettant à l'écart après l'opération. C'était ordinairement de la planche pour les bâtiments — quelques-unes étaient très larges — des madriers pesants, les indispensables tournisses et parfois aussi des solives et des poutres.

Quand la voiture revenait dans la cour, c'était un beau chargement de bois blanc, éclatant de soleil et qui sentait bon la résine. On passait à l'opération de la mise au séchage. À peu de distance de la grange, on calculait l'espace pour faire de ce bois un grand triangle vide et parfois un deuxième pour les madriers. Sur un appui fait d'une bûche, on décidait des trois angles et on y croisait les plus larges planches, qui se prolongeaient chacune un peu au-delà en une queue d'hirondelle. Le bois mince était empilé ensemble et cette muraille ajourée s'élevait en laissant à l'intérieur un espace où se jouaient le soleil et l'ombre.

Pendant deux ou trois mois, il y aurait dans le paysage ces objets curieux qui étaient pour nous une attraction nouvelle. Par le point de croisement des planches, nous pouvions grimper tout en haut du triangle. De là, nous voyions, à l'intérieur, l'espace libre qui se creusait jusqu'au sol où il nous était impossible de redescendre faute de prise pour les mains et les pieds. D'ailleurs, rien de moins attrayant que cet endroit mort que seuls les coqs visitaient en passant sous l'édifice.

Dans le temps libre qui suivait les foins, les hommes défaisaient le tas de planches. On les prenait une par une pour les remiser dans le grenier des bâtiments. Notre château de cartes s'écroulait, attirant notre attention sur la tache pâle dessinée au croisement de chaque planche. Il suffisait maintenant de retenir la quantité et l'assortiment de ces réserves pour savoir si on était en mesure de fournir le bois nécessaire à telle construction ou s'il fallait prévoir une autre récolte pour y arriver.

Le jardin

Au cours du mois de mai, mon père s'employait à la préparation des semailles et tout son temps était requis par les multiples opérations pour chaque champ cultivé. Maman calculait ses chances et obtenait de justesse le hersage d'un espace qu'elle se réservait: le jardin. À le voir de loin, le sol de ce rectangle paraissait ameubli et pourtant il suffisait d'y travailler pour trouver pénible cette terre franche qui séchait en mottes durcies.

Une plate-bande occupait le milieu du jardin au centre de laquelle quelques pieds de rhubarbe devaient être respectés par la charrue. Maman dressait son plan et faisait les séparations majeures, soit le carré des tomates, des haricots, des choux et des choux-fleurs, sans oublier les concombres. Ménageant de petites allées, elle broyait les mottes, relevait le bord d'un carré, ameublissait encore et préparait le terreau de la manière que réclamait chaque espèce de semence. Ainsi, pour les haricots, les carottes et les betteraves, il fallait des rangs; pour les concombres, quelques élévations dispersées.

Les primeurs attendues étaient «les petites fèves», les radis et la laitue dont on pouvait faire un deuxième semis. Nous étions invités à déposer les graines dans le mince sillon préparé pendant que maman s'occupait des semences plus petites qu'il fallait acheter. Pour celles-ci, un bâtonnet retenant l'enveloppe illustrée du légume était planté à l'extrémité du rang qui devait le fournir. Peu à peu, l'espace était occupé et mémorisé par la jardinière. Parfois, il y avait de l'imprévu, comme des graines de cerises et de prunes de terre ainsi que des pieds de tomates à confitures qui venaient de notre voisine.

Quelques jours passaient où l'on achetait des plants qu'il fallait repiquer par temps favorable, c'est-à-dire un peu sombre. Parmi ceux-ci, les tomates étaient les plus choyées. Dans un grand espace, maman les plantait — pendant que nous les lui présentions avec soin — assez loin les uns des autres et les arrosait tout de suite. Alors, elle leur faisait une cage de trois petits piquets de cèdre ou de deux bardeaux usagés qu'elle enfonçait dans le terreau. Puis, repliant une feuille de journal à la même hauteur, elle en faisait le tour et l'attachait d'une guenille. Pendant quatre ou cinq jours, le plant de tomates était à l'abri du vent et du soleil, qui pouvaient déshydrater mortellement.

Après un délai d'une semaine, de petites taches vertes pointaient de-ci de-là, pleines d'une vie triomphante. Maman faisait le tour, se posait des questions sur tel ou tel espace, envisageait la prochaine tâche et se prononcerait avant longtemps sur la réussite ou l'échec d'un semis. Elle songeait, au besoin, à reprendre tel ensemencement.

Mais la vraie réponse viendrait d'elle-même, au cours de l'été quand, en causant avec l'une ou l'autre de ses voisines, ma mère échapperait, dans un langage qui nous étonnait toujours: «Cette année, j'ai des beaux tomates. Et vous?»

Corder le bois

Sur la fin de l'hiver, avant que les chemins défoncent, un entrepreneur des environs était venu avec son «banc de scie» couper le bois de chauffage. Les bûches s'accumulaient en désordre et séchaient au soleil pour quelque temps. Par un beau froid de fin de mars, les hommes qui s'y connaissaient attaquaient l'ouvrage de fendre ces bûches, les unes après les autres. Le bois dur se séparait d'un seul coup savamment donné; l'autre exerçait la patience de l'ouvrier. Au hasard des choix, se dressaient bientôt des monticules de quartiers de bois lancés en vrac par les bûcherons. Ce paysage ne bougerait pas pendant encore quelques semaines, voire des mois durant lesquels se faisait le séchage.

Quand le terrain s'était raffermi, il fallait entrevoir la corvée de mettre à l'abri le bois de chauffage dans la remise en appentis à la grange. Les vacances d'été ramenaient les étudiants à la maison; c'était une main d'œuvre tout indiquée. Il y avait d'ailleurs de l'ouvrage pour tout le monde à partir de l'âge de raison.

Du tas de bois dispersé, des quartiers étaient transportés dans la brouette qui roulait sur un chemin de madriers en équilibre sur des appuis de fortune. On la passait dans la porte et on la poussait à l'intérieur de la remise sur d'autres planches alignées. Sur le mur du côté ouest, on cordait le bois dur et, sur l'autre, le bois mou.

L'espace était grand pour étendre les morceaux débités les uns à côté des autres et c'était long avant de voir la corde de bois monter.

Quelqu'un d'expérimenté déposait des morceaux en travers, sur le sol, afin de donner une déclivité vers le fond à cette muraille chancelante qui s'élèverait. Deux volontaires commençaient l'ouvrage et plaçaient les quartiers en complément entre eux sur toute la largeur disponible. À distance, deux autres apprentis saisissaient les unités et les leur lançaient méthodiquement dans une direction et un tempo bien étudiés. Tous étaient équipés de mitaines de cuir, précaution indispensable pour ce rude travail. Peu à peu, l'ouvrage prenait de la hauteur, ce qui amenait une autre technique.

Quand on ne pouvait plus déposer la pièce de bois sans s'étirer, il était temps de commencer une deuxième corde au sol. Après une couple de pieds de hauteur, elle servait de plancher aux ouvriers qui plaçaient les quartiers et le premier ouvrage s'élevait de nouveau. Il fallait bientôt un troisième degré pour faire progresser le tout. L'édifice montait en effet, bien resserré entre un croisement des morceaux en échelle à chaque extrémité du rang, pour freiner la poussée latérale. Quand la corde touchait au début du toit, l'espace libre diminuait et était plus vite comblé. Le travail devenait presque amusant.

L'équipe maintenait un bon rythme grâce au nombre de travailleurs. La technique se rodait à même les rares éboulements qui donnaient lieu à quelques quolibets. Les professionnels montaient insensiblement vers le toit;

les quartiers venaient maintenant de deux niveaux de lancement; les rangées de bois se formaient les unes après les autres. Le temps passait légèrement sous les taquineries, les chansons, les histoires drôles.

Il ne serait cependant pas suffisant d'avoir employé tant de mains pendant ce moment intensif. Il faudrait continuer à rentrer et à corder le bois à temps perdu. Parfois, la remise fut comble et un petit surplus s'aligna sur le mur entre les deux granges. Le bois de chauffage ne manqua jamais. Il fallait en fournir à notre grand-père et quelquefois on en vendait un peu, ce qui ne nuisait pas à l'appréciation de nos efforts.

L'Été

Sarcler

Au cours de ses premières visites au jardin ensemencé, ma mère détectait quelles jeunes pousses demanderaient bientôt ses soins.

Les radis, les carottes et les betteraves levaient déjà et plusieurs graines au même endroit donnaient des tiges qui se touchaient toutes. Elles auraient besoin d'être éclaircies et, seule, maman s'en chargeait avec son expérience. Cependant, pour les carottes, c'était facile. On les avait laissées grossir et nous étions capables d'en enlever quelques-unes pour faire de la place à celles qui continueraient de croître. Les primeurs constituaient de beaux spécimens à croquer pour notre santé.

Un peu plus tard, nous étions invités à accompagner la jardinière dans l'inspection de ses cultures. Cette fois, nous étions munis d'une gratte, car le temps était venu de butter le sol pour l'amasser autour du plant. Nous avions un espace déterminé, comme les rangs des haricots, les choux et les tomates. Maman choisissait les tâches les plus délicates ou les plus dures et elle réussissait toujours, allant même jusqu'à nous gratifier de son aide. Ses coups étaient énergiques et bien placés, si efficaces que cela paraissait facile. Elle avouait pourtant que la terre était dure.

Outre le jardin, d'autres cultures avaient besoin qu'on leur donne un élan de départ. Il s'agissait du blé d'Inde sucré et du rutabaga pour les laitières. Les rangs étaient longs et demandaient du courage. L'équipe comprenait au plus quatre personnes à la fois et on avait pris soin d'affiler un peu les instruments de la tâche. Parfois, c'était mon père avec les garçons plus âgés; quand ils étaient occupés — comme au temps des foins —, maman prenait la relève avec des ouvriers plus jeunes.

Vers neuf heures trente, nous prenions un rang et nous buttions un seul côté à la fois jusqu'au bout. Le sol était assez friable et la tâche, très simple. Le problème pouvait venir d'une cadence ralentie par le bavardage. Aussi notre mère surveillait-elle ce point et elle nous rappelait souvent à l'ordre.

Presque à la fin du rang, une rigole traversait le champ en diagonale. Quand on y arrivait, c'était un encouragement; toujours, maman nous avait précédés. À l'extrémité, nous retournions et faisions le buttage de l'autre côté du plant. Parfois, nous répétions le travail l'après-midi, quand les conditions étaient bonnes. C'était facile de deviner combien de temps durerait la tâche d'après le nombre de rangs à parcourir.

Mais cette intensité des efforts était passagère; nous le savions. Il y aurait un second binage un peu plus tard. Entre temps, nous aurions fait le tour de la planche de blé d'Inde sucré où nous sentions qu'il aurait été disgracieux de nous plaindre d'un travail qui nous procurerait en juillet un tel régal.

Aiguiser la faux

Le moment des foins évoquait une période de beau temps, d'activité commune et, somme toute, d'intense travail, car il s'étendait sur trois ou quatre semaines. Sa planification dépendait à la fois de la moisson plus ou moins mûrissante, du temps qu'il ferait, du rendement des travailleurs — hommes et chevaux — et des instruments.

La fête de la Saint-Jean-Baptiste déclenchait le début des vacances pour tous les jeunes. Dès ce moment, papa et ses garçons passaient en revue les instruments aratoires. Il fallait les dépoussiérer, graisser les roues, vérifier les engrenages, les huiler et, parfois, on découvrait une réparation urgente.

Une de celles-là était de remplacer les dents de la faux pour l'appareil mécanique. Quand une dent était brisée, au lieu de couper les tiges du foin, elle bloquait le glissement des autres dents dans les cases voisines. C'était la panne absolue. Un examen attentif de cette longue tige qu'était la faux mécanique déterminait le nombre d'unités à remplacer. En allant porter le lait, on passait à la ferronnerie en acheter. Pendant ce temps, Marcel avait coupé les rivets des dents à remplacer et il pourrait fixer les autres sans difficulté. La tâche suivante était d'affiler cette faux. Pour les enfants, c'était un pensum.

Aux alentours de la bergerie — ce nom désuet continuait d'être employé —, près du mur, dormait dans son auge creusée dans un tronc d'arbre, la meule à aiguiser. Aux angles était clouées grossièrement quatre planches qui servaient de pattes. À cheval sur la partie creusée de l'auge, la meule, de six à huit pouces de rayon, appuyait son essieu sur des ferrures concaves. Le centre de la meule était renforcé par un enchâssement de métal. Au milieu de celui-ci, une manivelle recourbée et munie d'une poignée permettait de faire tourner la meule. Que de fois, dans ces jours de fenaison, nous serions appelés pour la corvée!

Tous les jours, il y avait des occasions d'utiliser la faux individuelle, qui prépare l'entrée dans un champ vierge ou qui finit la coupe au bord des fossés et des clôtures. Avec le foin trop séché, les mauvaises herbes coriaces, voire les arbustes égarés, le taillant ne tenait pas longtemps. Grand-père arrivait et nous devinions ce qu'il venait faire. Il lançait au vol ou il disait à maman: «J'aurais besoin d'une petite fille pour tourner la meule». L'un de nous, fille ou garçon, se présentait après avoir déterminé la limite de son effort — quinze ou vingt minutes —, après quoi on lui succéderait. C'était accepté, car il y aurait répétition de la même circonstance avant longtemps; il fallait être solidaire pour s'en tirer sans mauvaise humeur.

La meule était installée dans un coin ombreux et aéré. Grand-père mettait ses lunettes; il s'installait du côté opposé à la manivelle et appuyait la lame de biais sur l'arête de pierre. Cette roue large et lourde baignait dans l'eau à sa base et, en tournant, elle entraînait un petit filet d'eau bientôt épuisé. L'enfant travaillait lentement et changeait souvent de bras. La tâche se faisait en silence: nous voulions sauver du temps.

L'aiguisage de la faux mécanique était, elle, tout un enjeu. Cette tige aplatie était composée d'une vingtaine de dents formant chacune un triangle tronqué dans la partie qui l'attachait à l'ensemble. Il y avait deux taillants pour chacune. On aiguisait à la suite un seul côté de la dent jusqu'à la dernière, puis on changeait la direction de la faux pour entamer l'autre versant. Celui qui maniait un instrument aussi dangereux devait y mettre une attention soutenue. Mais pour l'enfant, c'était la monotonie parfaite d'une dent à l'autre, sans aucune surprise. À un moment donné, on s'arrêtait; l'aiguiseur passait son pouce sur le travers de la lame sans rien dire. Il était surveillé avec une dévotion inquiète. Parfois il fallait repasser encore, parfois c'est le tour de la dent suivante.

Quand venait la fin, après plus d'une heure de travail, on respirait. L'adulte appuyait la faux sur le mur proche en attendant de l'insérer dans la machine; parfois il la transportait tout de suite sur son épaule après l'avoir enveloppée dans de la jute. Quand un champ entier avait été coupé, mon père, au dîner, laissait tomber la phrase qui dessinait un paysage à nos yeux: «Il va falloir affiler la faux!»

Faucher le foin

Le déclenchement de la saison des foins s'opérait par le fauchage d'une pièce choisie à certains critères, selon la nature de ce qui y poussait. Il fallait aussi considérer la grandeur du pré, l'intensité de la pousse et la qualité du foin à conserver, bref, de quoi discerner.

Quand la pièce choisie faisait voir du foin à pleine clôture — surtout le mil —, papa décidait de faire un chemin. Il s'agissait, au lieu d'écraser les tiges, de couper à la petite faux une largeur tout le tour du champ; celle où passeraient les chevaux et la faucheuse. Cela se faisait la veille et il y avait du travail pour deux hommes.

Dans la cour, le «moulin à faucher» attendait, joyeux dans ses couleurs. On insérait la faux — qui ne passait jamais la nuit dehors — et, par un bras à son extrémité, on la relevait à l'horizontale. Une longue tige de métal passait dans un orifice du porte-faux, y était boulonné et maintenait la position. Les roues étaient larges, zébrées de barres comme celles des tracteurs; elles tournaient sans enfoncer. Ce premier départ donnait bien l'impression de mettre le pied à l'étrier. Arrivé au champ, l'attelage s'arrêtait au bord, la faux était rabattue au sol; le cultivateur jetait aux alentours un dernier coup d'œil et démarrait.

Une des roues de la machine s'engrenait par son moyeu à une plus petite dont les dents transmettaient l'action à la faux. Le support de celle-ci était muni de doigts pointus qui séparaient les tiges, les maintenaient droites et permettaient aux dents tranchantes qui glissaient rapidement en aller-retour de les couper. À l'extrémité libre de la faux, une garde de bois aidait à délimiter la lisière entreprise; les dernières tiges se penchaient, ramenées vers l'intérieur.

Le rythme des chevaux était bon; le cultivateur surveillait toujours la faux à cause des mauvaises surprises: un caillou inopportun, un bout de fil métallique perdu, un nid d'alouette, mais surtout des touffes de luzerne intempestives qui restaient emmêlées sur les dents et bloquaient la manœuvre. Le faucheur devait descendre et défaire à la main l'obstacle, surveillant toujours ses mouvements et la station des chevaux. En se relevant, il attrapait une poignée de tiges vertes, les répandait sur son siège, question de gonfler la jute d'insuffisante épaisseur. Le passage de la machine laissait sur le travers des planches un tapis luisant et odorant avec un reflet dans les déclivités. Quand l'attelage arrivait au bout, il s'arrêtait et reculait un peu pour faire un angle droit et reprendre, d'équerre, la coupe.

Si rien d'anormal ne se passait, le travail avançait bien. Le soleil montait au zénith et taperait bientôt. Il était sûrement avantageux de commencer au petit matin pour finir avant neuf heures; ce n'était pas souvent possible pour bien des raisons. Après quelques tours, la routine s'établissait. Le faucheur s'arrêtait vis-à-vis un piquet de clôture présélectionné; il y trouvait un flacon d'eau à l'ombre, soulevait son chapeau de paille, s'essuyait le front et la nuque, jugeant d'un coup d'œil le temps qu'il faudrait mettre pour achever.

L'expérience aidant, il arrivait peu de problèmes. Un terrain amolli par de fortes pluies était contre-indiqué; il fallait attendre le moment propice. La récolte de trèfle était délicate à réussir: malgré leur parfum suave, les têtes fleuries s'enchevêtraient souvent et faisaient blocage. Pour les pièces de foin des alentours des bâtiments, nous, les enfants, devions inspecter les abords du champ et chasser vers la cour les volailles qui s'y éparpillaient. Il arrivait parfois, en effet, qu'un poulet se fasse couper une patte, ce que mon père encaissait fort mal.

Quand la faucheuse s'immobilisait dans la cour, c'était l'annonce que d'autres travaux presseraient bientôt.

Râteler le foin

Ce que l'on appelait le temps des foins coïncidait avec la période du calendrier où la journée bénéficie d'une très longue période d'ensoleillement sur laquelle le cultivateur peut s'enligner. Sous l'effet d'une belle chaleur sèche, le foin coupé était prêt à être râtelé le lendemain, parfois avant s'il s'agissait d'une culture moins dense. C'était un travail solitaire: non seulement il se faisait par une seule personne, mais cela se passait souvent quand l'équipe était ailleurs.

Le râteau était un instrument simple, facile à manier si on savait conduire un cheval. Ses roues étaient grandes, donc assez hautes, toutes de métal; les rayons étaient minces pour les alléger. L'essieu qui les reliait portait plus d'une vingtaine de longues griffes recourbées en demi-cercle. Au repos, ces grandes tiges étaient relevées et un bras de fer pouvait être amarré à une esse pour les retenir. Au travail, elles traînaient légèrement sur le sol, entassant les tiges en un rouleau qui s'épaississait peu à peu. Quand il y en avait assez — juste avant que les brins ne s'emmêlent autour des moyeux —, le râteleur abaissait le pied sur une manette. Un déclic se produisait: les griffes remontaient et restaient suspendues un instant, libérant le bandeau de foin, puis elles retombaient sous leur poids et continuaient à râteler.

Au temps de la fenaison en veillottes, le râtelage se faisait dans le sens des planches, aucune exigence ne se posant à ce sujet. Mais dès que la chargeuse entra en action, elle ne pouvait opérer sur le travers du champ. Il fallut donc faire les andains en une suite ininterrompue sur le milieu des planches. À cause de cela, c'est le râteau qui se déplaça dans l'autre sens, cahotant inévitablement dans les dénivellations. René et, plus tard, Marie-Paule, pouvaient attester que la tâche était devenue plus désagréable et plus fatigante.

Quand le foin avait été roulé en ces longs rubans souples, il ne tarderait pas à être chargé. En attendant, il y avait encore un deuxième tour de râteau à donner dans le champ où on venait de finir la cueillette. À un moment donné, deux râteaux furent en usage, découpant un peu mieux la tâche, car une personne seule n'aurait pas eu de repos.

À cause de sa largeur extrême, le râteau causait à ses conducteurs des problèmes pour passer les petits ponts. À deux ou trois endroits, la petite décharge ou le ruisseau imposaient un calcul, l'une des roues menaçant de déborder hors largeur. Alors, il fallait guider lentement le cheval par la bride sur le commandement de celui qui surveillait les roues.

Au cœur des jours de chaleur, plusieurs pièces de foin requéraient en même temps les bras et les instruments de travail. Le prolongement du beau temps, la prévision de la pluie qui stopperait la cadence amenait cet état de fait. Parfois, ce foin attrapait la pluie et séchait à nouveau, devenant cassant et tendant à rougir. En somme, il traînait. À un moment favorable, le titulaire du râteau faisait le tour de ces restes. Notre grand-père aimait aller à temps perdu, avec Julien, chercher ces râtelures qui s'entasseraient sur le grenier de l'étable, dans la catégorie du foin de seconde classe.

Ramasser le foin

À peine quelques heures après le râtelage, le foin pouvait être enlevé. Un des faneurs, armé d'une fourche légère, faisait le tour des rangs, pour dévier les extrémités de l'un vers l'autre, de manière à faire une suite ininterrompue. Le chemin à parcourir était alors tout indiqué.

La voiture à foin avait subi quelques modifications au moment de l'acquisition de la chargeuse. Le châssis avait été élargi et la ridelle d'arrière, coupée pour laisser le passage à la tête du chargeur attaché au véhicule. Les côtés de la voiture étaient fermés par une longue et solide perche.

Le nouvel instrument faisait impression. Sophistiqué, lourd et coûteux, il aurait à prouver son efficacité. Deux hautes roues de métal, qui fermaient un cylindre ajouré, activaient en tournant une chaîne sans fin qui entraînait les tiges vers le haut. Son squelette se dressait obliquement à sept ou huit pieds du sol. La tête de la chargeuse pouvait s'abaisser pour le début de l'opération, quitte à se relever, grâce à une manivelle, selon le besoin.

La clé de l'opération était d'actionner la chargeuse par le déplacement de la charrette à foin. Il fallait donc que les chevaux avancent constamment, tout au contraire de l'ancien système des veillottes dispersées. Deux hommes suffisaient pour le chargement, pourvu qu'ils n'aient pas à s'occuper des chevaux. Le conducteur étant encombrant dans cet espace et incommodé lui-même pour agir, on imagina d'attacher à la ridelle d'en avant une légère chaise droite artisanale tournée à l'envers. Une adolescente — ce furent souvent Denise ou Thérèse —, s'y glissait et, en toute sécurité, guidait les chevaux, un de chaque côté du rang de foin.

Au moment opportun, un homme criait: «Envoyez!» Les percherons baissaient la tête et pointaient leurs sabots et l'outillage fonctionnait dans un cliquetis étouffé. La chaîne d'entraînement du foin était faite de petits crochets qui enroulaient celui-ci autour d'un cylindre puis retombaient pendant que le tapis des tiges coupées s'élevait, puis s'abattait mollement dans la charrette. Les faneurs s'appuyaient sur leur fourche, attendant l'amas à déplacer. À mesure que l'épaisseur se dessinait, Marcel et, plus tard, Jacques emplissaient l'espace directement sous la chargeuse, histoire de se faire un tapis sous les pieds. Puis les monceaux étaient accueillis et transportés à même l'élan du véhicule vers l'avant où mon père veillait et foulait chaque vague dans les angles. Lentement, la charge s'emplissait par une technique subtile. Il fallait pourvoir l'avant à l'exclusivité du reste de sorte que, vue de profil, la charrette paraissait coupée en deux par le traitement.

Si un «Wow!» sonore faisait tout à coup arrêter le train, c'est qu'il y avait, à ce moment, un changement à faire, par exemple, descendre d'une position élevée, fouler encore le centre, étoffer l'arrière ou relever la tête de la chargeuse. Un nouveau départ permettait de répandre la moisson à la longueur de la voiture, le rouleau des herbes fournissant toujours sa part. Au bout du rang, les chevaux tournaient dans un effort bien ménagé, faisaient cahoter la charge et grincer l'attirail qui la suivait en engouffrant les tiges.

Venait un moment où la manivelle s'ajustait au dernier cran. C'était le signe que le comble serait bientôt mis. L'un des faneurs descendait les barreaux et sautait à terre pour détacher la chargeuse qui attendrait là le prochain voyage. L'autre faneur prenait les rênes pour guider avec assurance et maîtriser les chevaux dans les tournants qu'il restait à réussir jusqu'à atteindre l'intérieur de la grange. À quelques verges de la porte, notre père faisait une pause. Il enfonçait les fourches, le manche vers l'arrière, s'écrasait le long des barreaux et, accélérant le pas des chevaux, faisait avancer la charge au centre de la «batterie». Son visage tendu indiquait que l'enjeu avait été d'importance.

Décharger le foin

Aussitôt que le voyage de foin était immobilisé, des mesures étaient prises pour le décharger, sauf si on était à l'heure du dîner. Les rênes avaient été lancées de côté; le conducteur adolescent s'occupait d'enlever les chevaux et de les appliquer à tirer le câble de la grand-fourche.

Le foin de mil, long et juteux, le beau foin dont on pourrait vendre le surplus, était déposé dans la deuxième partie de la grange qui s'ouvrait par l'arrière des bâtiments. Elle était faite de deux «tasseries» de grande capacité pour lesquelles on avait prévu un bon système de déchargement du foin à la grand-fourche.

C'était un instrument de fer qui avait bien quatre pieds de hauteur. L'essentiel était sa capacité de pénétration dans le foin et de rétention de la botte qui se formerait. Son profil était celui d'une énorme fourche sans manche et sans fourchons autres que les deux solides tiges du côté dont la pointe mobile se repliait vers l'intérieur. Pour planter la fourche, il fallait tenir la charpente d'une main et, de l'autre, appuyant sur un petit bras latéral, enfoncer les deux pointes acérées dans le foin. Quand la profondeur souhaitée était atteinte, on relevait la manette qui s'enclenchait solidement. Un filin passant par un anneau d'acier sur le dessus de la fourche permettrait au moment voulu d'annuler le mécanisme exactement au point de chute fixé.

Par un système de câble et de poulies dont la dernière était attachée au bas de la poutre-chambranle de la grange, on arrivait à faire fonctionner la machine. Quand la fourche était bien enclenchée, le planteur quittait la charge de foin et se tenait sur la poutre horizontale à la hauteur de la corniche. De là, il donnait le signal de départ. Les chevaux s'ébranlaient lentement, le câble se raidissait et vibrait de toutes ses fibres sous l'effort transmis. Dans la grange, des craquements s'échappaient des points d'ancrage des poulies. Marcel surveillait l'énorme botte, qui s'élevait en pendulant, pour dégager le filin et le maintenir libre. Arrivée au sommet, la poulie qui tenait la fourche s'ajustait au chariot qui fuyait immédiatement du côté prévu. Une légère traction du filin faisait tomber la botte de foin dans un soulèvement de poussière, parfois.

La prise avait été si énorme que papa et Raymond prolongeaient le temps nécessaire pour disperser l'amas écroulé, tandis que le planteur se félicitait d'avoir expédié le chargement en quatre coups.

La moisson

La principale graminée cultivée chez nous était l'avoine. De grandes pièces de terre y étaient consacrées en assolement avec les autres cultures.

Au début d'août, la mer des tiges vertes commençait à changer de ton. Elle pâlissait d'abord, puis se dorait lentement jusqu'à devenir d'un blond intense. Du même coup, le grain avait mûri et la tige plus ou moins longue avait séché. Si le temps devenait trop chaud, le grain pouvait s'échapper de l'épi; si, par contre, des bourrasques de pluie s'abattaient sur les champs dorés, elles réussissaient irrémédiablement à coucher les tiges alourdies. Le problème serait capital pour en faire la récolte.

Venait donc le jour de préparer l'instrument — un seul — pour couper l'avoine et la distribuer en gerbes. Il s'agissait de la moissonneuse-lieuse, une énorme machine dont l'aspect et le fonctionnement nous étonnaient dans fin. Comme pour la faucheuse, au temps des foins, elle avait besoin d'une faux bien coupante et bien entretenue. Cependant, la surface à moissonner était moindre et le tranchant de l'acier tenait plus longtemps. Sur le haut de cette curieuse machine, du côté gauche, il y avait un siège de métal pour le conducteur. Tout le temps qu'elle demeurait dans la cour, nous aimions y grimper et goûter, un moment, la sensation de faire la moisson, fût-ce sans bouger d'un pas.

À l'avant de la moissonneuse, sur la droite, de grandes palettes horizontales tournaient et rabattaient les brins d'avoine que la faux coupait à la base. Ils tombaient sur une toile qui les acheminait vers le haut et les laissait glisser de l'autre côté, sur des planchettes où ils s'accumulaient en ordre. Quand la gerbe était d'une certaine grosseur, une aiguille recourbée passait autour une corde huilée qui s'attachait et se coupait toute seule. Au même instant, des bras de métal se déclenchaient et, en tournant sur eux-mêmes, projetaient la gerbe dans le champ. La moissonneuse-lieuse était un équipement lourd qui fonctionnait lentement; elle devait être tirée par trois chevaux. Il ne fallait donc pas penser faire la coupe d'une pièce en une seule fois. Après deux ou trois heures de travail, l'espace moissonné grandissait, le stress de la mauvaise surprise baissait et mon père se sentait heureux de la situation.

Alors, apparaissait à la lisière du champ de nouveaux travailleurs. C'était maman et nous, les enfants les plus âgés, qui venions ramasser les gerbes lancées par-ci par-là et les regrouper cinq à la fois, en les faisant tenir debout. Nous les soulevions par le fil de jute qui les attachait et nous les apportions au point déterminé. De distance en distance, les bottes d'avoine s'aligneraient pour en faciliter le ramassage. Tel quel, plus ou moins régulièrement orné de ses «stooks», le champ d'avoine avait un air grandiose avec la dentelle blonde de ses épis sur fond de terrain brun doré.

Cueillir les bêtes à patates

Les pommes de terre formaient la base de notre alimentation journalière; d'une manière ou d'une autre, nous en avions à tous les repas. Nous nous préoccupions d'en cultiver suffisamment et d'en surveiller la croissance.

Quand les belles tiges vertes sortaient de terre, elles étaient tout de suite vigoureuses et se ramifiaient à l'envi. Bientôt apparaissaient les petites étoiles jaune pâle: les fleurs. Les semaines qui suivaient étaient sans histoire: la croissance se faisait lentement. Et pourtant, le danger menaçait sans bruit.

Un jour, mon père avouait avec consternation: «Les bêtes sont dans les patates!» Alors, on sortait les armes. On préparait un insecticide: de la bouillie bordelaise, disait-on. Quand l'ardeur du soleil était passée, quelqu'un prenait l'arrosoir et, pour chaque contenu, versait un peu de poudre qui se délayait. On en faisait une application sur toute la plantation et on attendait.

Il arrivait que celle-ci soit infestée de bestioles et alors, on recourait à l'apport des enfants pour endiguer le fléau. On nous donnait une boîte de métal avec un bâtonnet et chacun soulageait un rang de ces petits bêtes ravageuses. Elles avaient la forme adulte du doryphore à écaille pâle rayée de noir ou celle d'un insecte rougeâtre sans carapace. Avec une moue, nous faisions tomber les unes et les autres dans le contenant et avancions aussi vite que possible. Encore fallait-il surveiller les récidivistes qui remontaient vers l'ouverture.

Dès que nous avions terminé notre tâche, nous venions jeter au feu cette cueillette et ma mère était bien d'accord pour que nous passions à autre chose, sachant bien que cet effort était peu proportionné à l'ampleur du fléau. Les arrosages reprendraient d'ailleurs et le prochain danger serait l'échaudage des plants quand l'excès de chaleur — souhaité le plus tardif possible — stopperait la croissance des tubercules. Mais cette fois, il n'y aurait rien à faire de notre part.

Faire la toilette des bâtiments

Rafraîchir les bâtiments de la ferme revenait chaque année et nos parents y étaient fidèles. Ma mère surtout s'en faisait une fierté et se désolait de voir tant de granges sans traitement.

Il s'agissait d'acheter de la chaux et d'en faire une préparation liquide. Papa arrivait de la ville avec un sac de jute qui contenait des blocs de calcium. Il en prenait quelques-uns et, dans une cuvette, il versait de l'eau dessus. Un bouillonnement intense indiquait la réaction chimique. Nous nous tenions à distance, avertis du danger. Quand la chaux était éteinte, l'ouvrier-peintre en prenait une quantité dans un large seau et il commençait le travail.

Muni d'une grosse brosse à longs crins fixée à un long manche, il montait dans une échelle pour badigeonner le haut des murs. Suspendant le seau à l'un des barreaux supérieurs, il mouillait les planches au bout de son bras, l'une après l'autre. Le séchage faisait apparaître un blanc éclatant au soleil. Les pignons de la grange offraient un défi pour l'échafaudage et le travail lui-même. Un autre homme aidait à faire les parties moins hautes.

Après sa rénovation, l'étable fut lambrissée de bardeaux de sa base jusqu'au-dessus des fenêtres. La partie du fenil restait en planches. Il fut décidé que les bardeaux seraient teints en vert. Ce fut notre travail d'été entre les foins et les récoltes. Un vieux pinceau suffisait pour badigeonner ces cloisons que nous voyions de très près maintenant. Rien d'extraordinaire ne se produisait; nous mesurions pour notre compte l'effort quotidien. Un détail nous contrariait cependant: l'obligation d'enlever au préalable la moindre éclaboussure de chaux avant l'application du vert sous peine d'en voir changer la couleur. Pour finir, un grand frère ou maman peinturait en rouge le tour des fenêtres.

La toilette des bâtiments était achevée. Nous en étions tous fiers sans nous douter que cet état de chose entraînerait maintenant l'obligation de voir à une meilleure propreté de la cour.

Nettoyer la cour

À un rythme irrégulier, quand le besoin s'en faisait sentir et que le terrain le permettait, prenait place la corvée du nettoyage de la cour.

La première au calendrier était celle du voisinage du tas de bois. Le sciage mécanique avait laissé plusieurs amas de bran de scie sous lesquels la neige prenait du temps à disparaître. Des bouts d'écorce, des nœuds de bois perdus, des éclats tombés des bûches traînaient ici et là. Nous accompagnions notre mère qui appréciait le travail des petits bras et des bons yeux. Les débris étaient ramassés et apportés à un endroit où ils seraient brûlés après avoir séché. La sciure de bois était ratissée à son tour; rien ne laissait à désirer. On en profitait avant que l'herbe soit trop longue.

Avec le mois de juin, le terrain de la cour était redevenu ferme. Il était cependant encombré de nombreux déchets. Cela ne pouvait durer, se disait ma mère en patientant. Un beau jour, elle nous rassemblait: «Venez avec moi, on va aller faire un ramassage.» Cela voulait dire d'ouvrir les yeux et d'enlever de l'herbe tout ce qui y avait été abandonné. C'était une chasse aux bouts de planches, aux débris de bois, aux ferrailles, aux objets perdus. Les abords des bâtiments en étaient pourvus selon la méthode masculine d'y voir une moindre nuisance. Tout était transporté en un point dissimulé où l'action reprendrait plus tard. Parfois, le ménage avait lieu dans une remise ouverte où l'on rangeait quelques véhicules de travail. Sur les côtés et au fond, s'accumulaient des planches de toutes tailles, des instruments qui ne servaient plus, des «traînasseries», enfin. Cette fois, il y avait consultation des hommes avant de décider de la solution finale.

La plus remarquable de ces opérations fut celle qui se répéta plusieurs fois quand eut lieu l'agrandissement de l'étable. Tous les deux ou trois jours, maman examinait le chantier et nous faisait ramasser les déchets de bois aux alentours. Ce soin impressionna même le menuisier en chef qui ne se défendit pas d'en louer ma mère comme d'une chose rarement vue.

Cueillir les petits fruits

La chaleur sèche de la fin de juin faisait bien «décoller» les jeunes semis et mûrir le foin; elle favorisait aussi l'éclosion des petits fruits. Les premiers à venir étaient les fraises des champs. Avant le début de la fenaison, c'était le temps d'en profiter.

Par un matin clair, après que la rosée soit disparue, maman convoquait quelques-uns d'entre nous — qui n'étaient pas occupés — à faire équipe et à «aller aux fraises». Le fait que les «talles» n'étaient pas loin et qu'à plusieurs, ce ne serait pas une corvée, venait à bout de nos hésitations. «Vous serez bien contents d'en manger», concluait ma mère, en nous donnant un vaisseau: qui, un plat, qui, une tasse, qui, une petite chaudière; en somme, quelque chose qui se porterait facilement.

Le terrain de la moisson convoitée était en effet tout près, de l'autre côté du chemin, à la lisière du bois à Willie. À la queue leu leu, nous passions entre les fils étirés de la clôture et cherchions un coin favorable. Sans bavarder et aiguillonnés par l'éventuelle performance du voisin, nous tâchions de réussir au plus vite. Pour éviter d'écraser les fruits rouges, il fallait contourner une belle «talle» et l'attaquer par l'extérieur. Si quelqu'un était trop silencieux, il devait avoir un bon butin et nous l'envahissions. Peu à peu, notre contenant s'emplissait — sans toutefois déborder — et nous revenions heureux en prenant soin de ne rien répandre en traversant les barbelés. Ma mère nous recevait avec empressement et ne manquait pas de stimuler celui qui aurait pu remplir son contenant jusqu'au bord. Immédiatement elle nous installait devant la tâche de l'équeutage.

C'est la cueillette des framboises qui était la plus gratifiante de ces corvées. Elle se plaçait après le temps des foins, au début du mois d'août. Cette fois, il fallait aller dans le bois; le chemin à demi tracé par les charrettes favorisait notre marche.

Quelquefois, maman nous entraînait par un début d'après-midi. Coiffée d'un chapeau de paille, le cou et les bras protégés par un tissu, elle prenait les devants, nous indiquait les plus belles aubaines et faisait déjà tinter les fruits dans son bocal. La hauteur des arbres, l'enchevêtrement des branches basses, l'épaisseur de l'humus, les bruits insolites, le silence même, tout faisait impression. De temps à autre, quelqu'un annonçait la découverte qu'il faisait: du petit thé des bois, des baies rouges appétissantes et des corps d'arbres décorés de moisissures. Ma mère endiguait nos émotions en disant qu'il ne fallait pas goûter; plutôt se hâter de cueillir une telle surabondance.

En effet, il n'était pas nécessaire de prolonger. Le vaisseau le plus grand — celui de maman — avait son comble. Elle parachevait alors ceux que nous tenions et la cohorte reprenait le sentier, évitant la catastrophe d'une chute. Il y avait eu pour notre sensibilité une cure d'émerveillement.

La vilaine moutarde

Dans les prévisions que les cultivateurs faisaient quant aux graines de semence, ils comptaient en bonne partie sur la récolte de l'année précédente. C'était le cas pour les grandes cultures comme l'avoine, l'orge et le sarrasin, dont on conservait la quantité nécessaire à l'ensemencement. Il fallait bien se résoudre à acheter la graine de mil et de trèfle; c'était d'ailleurs très dispendieux. Nous le constations à notre manière en voyant que le petit sac de jute à mailles serrées contenant le mil n'était qu'à demi rempli.

Pour garantir le mieux possible la qualité des grains de semence, il y avait, au cours de l'hiver — par temps modérément froid — une session de nettoyage du grain. L'énorme instrument de bois, le crible, était réglable par ses multiples tamis pour sélectionner différentes semences. C'était l'affaire d'un adulte, la nôtre était de tourner la manivelle d'actionnement. Quand le grand entonnoir rectangulaire était rempli et que les autres détails étaient vérifiés, nous mettions la roue en mouvement. La machine secouait alors les tamis, les petits tiroirs et, faisant tourner un rouleau à palettes, soufflait à l'arrière la bale et les poussières importunes.

Malgré ces précautions, il restait toujours une certaine inquiétude quant au succès des semailles. Pendant un mois, les tiges vertes grandissaient jusqu'à former un océan qui ondulait avec souplesse au moindre zéphyr. Alors notre regard scrutait ces espaces privilégiés — pour lesquels les clôtures étaient plus solides — pour voir si une mauvaise herbe spécifiquement redoutée ne s'y montrait la tête. Sa fleur jaune la désignait facilement sur fond gris vert: c'était la moutarde. Sans crier au désastre, nos parents nous faisaient comprendre que nous pouvions empêcher une invasion prochaine en arrachant chaque pied de la mauvaise herbe. Les enfants étaient des ouvriers tout indiqués, car leur petite taille causerait moins de dégâts aux alentours.

Il faut dire que nous étions peu enthousiastes pour faire la tâche. Mais nous savions concrètement qu'un champ d'avoine sans un seul pied de moutarde était une rareté. Nous comprenions aussi que si nous laissions la plante mûrir sur place, ses graines se mêleraient par le battage à celles de l'avoine et seraient dans la prochaine semence. Nous partions à la recherche de la coupable que nous tirions par le bas pour l'arracher sans la casser. Ces petites brassées de tiges feuillues étaient séchées et brûlées.

À cette époque, il était possible de réussir ce tour de force de présenter un champ d'avoine sans tache jaune. Cette fierté était aussi profondément ressentie par l'une de nos tantes. Avec un étonnement admiratif, il nous fut donné de la voir, par un beau dimanche d'été, coiffée d'un chapeau de paille à grands bords, les bras protégés du soleil, se déplacer lentement avec la gerbe de sa cueillette. On aurait dit Cérès dans son environnement naturel.

L'Automne

Défaire le jardin

Le geste d'arracher le jardin, tel que le disait brutalement ce mot, se faisait — après réflexion et discernement — de manière à ne pas déranger les gros travaux de la ferme. Ce serait l'affaire de la femme de la maison qui s'y prendrait par étapes.

Vers la mi-septembre, le jardin potager présentait déjà quelques plaques de terrain d'où la végétation était absente. En effet, le coin des radis et de la laitue était retourné à la friche et les haricots naguère florissants titubaient à gauche et à droite avec leurs feuilles jaunies et tachées de rouille. Le secteur des tomates avait été bien surveillé. Toutes celles qui avaient mûri étaient disparues au moment de la fabrication des conserves ou de la sauce tomate; les autres, restées vertes, étaient cueillies aussi et on en préparait un ketchup qui convenait bien au menu de porc frais. De même, ne restait-il que des déchets entre les rêches courants des concombres jaunis. Consommés frais chaque jour qu'il faisait chaud, ils avaient été cueillis avant de trop grossir. Quand cela était devenu problématique, on les avait mis en conserve dans le vinaigre sucré en les découpant par morceaux. Certaines années, il y eut des cornichons, variété très appréciée pour relever les repas d'hiver.

Avant les premières gelées, il fallait enlever les légumes racines; ceux qui avaient des enveloppes de feuilles pourraient encore durer. Un samedi matin, la jardinière et quelques adolescents apportaient la charrette à deux roues où l'on rangeait la cueillette: carottes, navets, panais et salsifis. Ces deux dernières espèces avaient de si longues racines qu'il fallait percer le sol alentour avec un pieu de bois bien effilé pour ébranler leur résistance. Au début d'octobre, c'était le tour des légumes feuilles: les choux, les choux-fleurs qui faisaient l'orgueil de maman et les oignons.

Au centre du jardin, une sorte de plate-bande était réservée à la rhubarbe. Ces quelques plants que ma mère avait reçus en cadeau étaient bien entretenus et fournissaient les longues tiges vertes aux énormes feuilles. Il suffisait de quelques spécimens pour constituer le dessert du dîner, les jours d'été: le brûlant pouding à la rhubarbe. En ce moment, toutes les fanes s'étalaient piteusement sur le sol; on les arrachait une à une. Mais en mai prochain, de ce centre de verdure bourgeonnante, à ras du sol, surgiraient les promesses de la vie nouvelle du jardin.

Arracher les patates

Après que les légumes du jardin avaient été soustraits aux premières gelées d'automne, on s'occupait des pommes de terre. Cela tombait vers la deuxième semaine d'octobre. Le samedi était le jour favorable à cause de l'aide prévue des enfants.

Ordinairement, quelqu'un avait commencé le travail, la veille. Il s'agissait d'arracher les fanes déjà bien desséchées et d'en faire des monceaux à l'écart des rangs dépouillés. C'était donc un travail facile mais plutôt désagréable; mieux valait qu'il soit confié à un adulte qui porterait attention aux quelques tubercules adhérant aux racines.

De bon matin, l'équipe disponible se dirigeait vers le champ de pommes de terre. Comme nous n'avions pas de machine spécialisée pour la cueillette, mon père utilisait la charrue pour ouvrir à demi les rangs où se cachaient les pommes de terre. Quelqu'un guidait le cheval attelé en porte-à-faux à la charrue dont le sep glissait sous les tubercules; ceux-ci roulaient contre le versoir et s'alignaient à l'arrière.

Alors les cueilleurs s'approchaient et jetaient les patates dans les contenants choisis pour cet usage. Il y en avait de toutes sortes; de belles grosses, pulpeuses, des moyennes, des petits et des «grelots», qui n'avaient pas eu le temps de grandir. Les unes et les autres s'entassaient ensemble et bientôt on était invité à vider sa provision dans un sac de jute placé de distance en distance à cette intention.

Quand trois ou quatre rangs avaient été éventrés, tout le monde ramassait à la fois. Les sacs s'emplissaient bien, mais on évitait de les faire trop pesants. Un deuxième élan permettait de préparer un autre lot de tubercules et, ainsi, de mesurer la répartition sur l'après-midi. Il fallait éviter de trop entreprendre sans achever selon le conseil de la sagesse. Si le champ de travail était trop loin de la maison, on nouait les sacs pleins et on en chargeait la voiture pour le transport en allant dîner.

Au retour, les gestes répétitifs de la tâche s'inscrivaient en une fatigue du dos; le terrain bouleversé éprouvait les jambes aussi. La concertation des tâches devenait plus difficile: fallait-il finir ici ou commencer là? Peu à peu, les sacs pleins s'alignaient pour se regrouper près de la charrette. Les adultes veillaient à corriger les manques; par exemple, un bout de rang échappé au versoir de la charrue qu'il fallait ouvrir avec la pioche. Ici, on appelait un cueilleur pour un amas spontanément grossi, là, un sac devait être complété; là encore, un récipient était destiné aux cas spéciaux: les mal faites, les «grelots», les tubercules coupés ou éraflés.

La récolte arrivait bientôt à la grange où la voiture était remisée; les enfants disparaissaient, fourbus. Quant à grand-père, il se donnerait le plaisir de retourner au champ un autre jour, avec Julien, son partenaire de six ans, pour fouiller les rangs et les nettoyer de leurs moindres trésors.

Récolter les citrouilles

Était-ce une recette de bonne culture ou une manière de sauver de l'espace dans le jardin? Jamais les citrouilles n'y eurent leur place. On les trouvait ailleurs et en excellente condition.

Peu après que le jardin potager soit terminé, ma mère se souciait de semer le blé d'Inde sucré, celui que la famille dévorerait. Une dizaine de rangs bien alignés étaient suffisants. L'endroit où les tracer n'était pas constamment le même et cela pouvait être une bonne formule pour éviter à la récolte des maladies ou des carences à la culture. Ordinairement, on choisissait le même pré que le jardin; l'important était qu'il soit à une courte distance de la maison. Quand le terrain avait été labouré, hersé et qu'on y avait tiré quelques rangs bien droits, plusieurs semeurs passaient et laissaient tomber les grains dorés. Il fallait alors s'empresser de les recouvrir pour les soustraire à l'appétit des oiseaux.

Venait ensuite le moment de semer les citrouilles. Maman avait un petit sac de graines qu'elle avait mises de côté et elle les enfouissait de-ci, de-là, assez loin l'une de l'autre et un peu partout. Elle en confiait quelques-unes à notre responsabilité et c'était toute une hésitation quant à l'endroit, la profondeur et la manière d'en disposer.

Les semaines se déroulaient, surchargées par les semailles de toutes sortes. Bientôt apparaissaient en alignement parallèle les doubles feuilles de maïs: une beauté bien disciplinée. Mais il faudrait attendre longtemps le signalement des citrouilles victorieuses. Au moment du buttage des plants de maïs, repris deux ou trois fois à mesure qu'ils grandissaient, il nous arrivait d'apercevoir de belles grandes feuilles étalées et une naissante fleur jaune. Maman nous signalait avec assurance: «C'est une citrouille!» On la contournait simplement. Quand les épis de blé d'Inde devenaient bons à cueillir, il fallait de temps en temps enjamber une masse ronde, encore verte, qui grossissait à l'ombre des épaisses feuilles lui faisant charmille.

Aux premières atteintes de la gelée, les tiges de maïs soulagées de tous leurs épis jaunissaient et servaient peu à peu de fourrage aux laitières. Alors, les citrouilles apparaissaient, tantôt énormes, tantôt moyennes, toutes d'une belle couleur orange. Elles résistaient longtemps au froid et demandaient qu'on rassemble des bras pour les transporter à cause de leur grand poids. Elles séjournaient un peu dans le hangar, pour enfin aboutir à la cave aux patates. Comme elles se conservaient bien, de temps en temps, la cuisinière en faisait monter une pour faire de la confiture.

Installée à la grande table, ma mère sortait un immense plat pour déposer les restes et un autre pour la bonne chair du fruit. En face d'elle, à genoux sur des chaises, les jeunes minois ouvraient de grands yeux. Ce premier geste, avec un énorme couteau pour faire le tour de la citrouille, libérait enfin nos souffles retenus! Les deux moitiés se renversaient en oscillant et faisaient voir un entrelacs de délicate chair rosée auquel adhéraient des amas de graines: la cachette des citrouilles futures. Parfois, une moitié était mise de côté ou donnée à nos tantes, nos voisines.

Maman attaquait alors l'autre moitié, coupant de la pointe du couteau les fibres qui, ici et là, tenaient à la masse et jetant le tout de côté. Elle appuyait alors la demi-sphère au creux de son bras et elle la tranchait rapidement en secteurs bien dessinés. Puis, sous son couteau, tombait une pluie de carrés qui, à la fin, faisaient une pleine cuvette de morceaux rosés, fermes, sans odeur et tout propres.

Le grenier de la cuisine où il faisait très chaud offrait une grande table. Maman la recouvrait de papier et y étalait tous les cubes les uns à côté des autres pour les faire sécher. Pendant quelques jours, ils restaient là; on les retournait plusieurs fois. À point nommé, la cuisinière faisait sa confiture et les pots s'alignaient l'un à côté de l'autre, montrant les beaux cubes blonds dans un jus d'ambre où flottaient quelques clous de girofle.

Labourer

Septembre amenait le retour en classe des uns et des autres: écoliers et collégiens. Après la fête du Travail, mon père se retrouvait — à une certaine époque — seul pour le travail aux champs. La moisson était engrangée et elle attendait d'être battue. On pensait à commencer les labours.

Après avoir sorti de la remise la charrue usuelle, on en faisait l'examen. Formée de peu de morceaux, elle était vite prête. Parfois le sep devait être remplacé, sa pointe ayant été malmenée par les cailloux. Un timonier double était fixé à la perche recourbée, point d'équilibre et de direction de l'outillage.

Par un bon matin où les obligations de routine n'avaient pas mangé trop de temps, mon père partait vers le champ déterminé. Si la route était longue, il déposait la charrue sur la traîne plate en bois qui glissait sur le sol. Sur place, il attelait les chevaux à l'instrument, choisissant l'animal qui était d'allure parfaite, pour le faire marcher dans le sillon. La façon de conduire les chevaux était toute spéciale. Les rênes ordinaires devaient être rallongées pour passer en bandoulière par-dessus l'épaule droite du laboureur et, de là, sous son bras gauche. Alors, une simple oscillation de l'épaule réussirait à signaler une correction à faire.

La prairie ou le pacage avaient des dimensions rectangulaires. La surface était répartie en un nombre d'unités appelées planches, qui se distinguaient les unes des autres par une déclivité précisément causée par la manière de labourer. À l'extrémité gauche de la planche choisie, près de la raie, s'installait l'attelage. Au signal du départ, le laboureur empoignait sa charrue par le barreau entre les mancherons et la soulevait pour faire pénétrer le soc à la profondeur désirée. Les chevaux avançaient lentement, baissant un peu la tête.

À l'arrière, mon père surveillait l'ouvrage, guidait les percherons, écrasait du pied une motte récalcitrante et reprenait son équilibre dans le sillon ouvert. À sa droite, la lisière renversée s'aplatissait et on avançait lentement, sauf si une roche à fleur de terre faisait dévier la ligne. Alors, il fallait tirer sur la charrue et faire reculer les bêtes pour contourner l'obstacle en pesant sur les mancherons pour soulever la pointe de l'instrument. Puis un autre rang, tracé en sens inverse, au côté opposé de la planche, marquait le début du travail. Une largeur bien calculée et bien conservée assurait la bonne tenue des autres sillons. Ceux-ci se rencontreraient par une petite élévation au sommet de la planche. Peu à peu, les chevaux apprenaient leur trajet et donnaient pleine coopération. La lenteur des gestes dans un climat frais d'automne évitait de ressentir une impression de carrousel.

À l'extrémité de chaque planche, on pesait sur les mancherons pour soulever la pointe de la charrue et la renverser pour le déplacement vers l'autre sillon. Il y avait là une planche de terrain dessinée dans le sens de la largeur: le cintre. C'était une technique pour encadrer la culture tout en permettant aux instruments aratoires de tourner sans danger. À cause de cette utilisation de chemin passant, le sol devenait un peu plus durci. Le labourage s'y faisait en dernier lieu, dans une direction unique soit de manière à coucher le sillon vers l'intérieur de la bande. À ce moment-là, le laboureur faisait un retour à lège avec la charrue vers le point de départ pour y reprendre le sillon suivant.

Ainsi fallait-il marcher toute la terre à retourner. Jour après jour, s'il faisait beau et que le sol était convenable, le laboureur suivait ses chevaux et ses pensées. Sur ses traces, les oiseaux, les goélands — dans les dernières années —, le chien et, parfois, un renardeau cherchaient leur bien. Mon père, lui, repassait sa vie avec des images des ancêtres, des souvenirs de ses frères, qui, tous, avaient quitté la terre. Encadré par les bois jaunissants, il s'estimait le plus heureux de n'être pas parti et de vivre auprès de sa femme et de ses enfants dont la présence lui donnait toute gratification.

Poser les fenêtres doubles

Les fenêtres de nos maisons de campagne avaient, comme celles-ci, des dimensions importantes. Dispersées sur chaque mur, elles en faisaient l'ornementation et, dans un alignement voulu, en facilitaient l'aération selon les besoins: par une simple ouverture ou par un courant d'air. À l'annonce de la saison froide, on cherchait une protection plus efficace en posant une fenêtre qui doublait la première.

Quelques jours à l'avance, ma mère demandait aux hommes de descendre du grenier les articles en question: d'immenses rectangles où quatre vitres étaient jointes dans un montant de bois. Ils étaient alors passés à l'examen: fallait-il ajouter des coins de métal pour maintenir la vitre, refaire le masticage ici et là ou, parfois, remplacer une vitre entière? Après ces mises au point, c'était le lavage des carreaux: une affaire de femmes.

Par un après-midi de temps calme où deux hommes étaient disponibles, on passait à l'action. Ma mère étudiait la numérotation — faite au couteau — sur le dessus de la fenêtre et à la base de son chambranle et elle les classait pour la distribution. Le jeune manœuvre empoignait la pièce par le milieu, la basculait pour passer la porte que l'on tenait ouverte et il l'apportait près du mur à orner. Mon père et lui l'appuyaient sur la rainure de l'encadrement extérieur et la faisaient glisser vers le haut pour l'ajuster au plus parfait. Si la fenêtre coinçait, il fallait la retirer et reprendre la tentative toujours en la poussant à fond pour permettre aux petits crochets de rejoindre l'anneau de sécurité à l'intérieur du chambranle.

Au printemps, l'opération était inversée. Pour arracher la fenêtre double de sa position, on passait la main dans la petite ouverture latérale du bas, ménagée pour l'aération. Dans les deux cas, il fallait de la force et de l'habileté pour éviter un déséquilibre, voire une chute, surtout s'il fallait utiliser une échelle.

Regarder l'hiver par les fenêtres doubles, c'était le voir dans son opacité blanche. En effet, le froid collait souvent un givre persistant aux vitres. Seule, une petite surface réussissait à fondre du côté du soleil et permettait de voir un bout de chemin. Même si elles diminuaient d'un ton l'éclairage naturel, la grisaille qui en résultait convenait à la vie casanière de ces quelques mois. Les vitres intérieures offraient même, parfois, une jolie surprise. Par certains matins de grand froid, elles révélaient de superbes cristaux à même le givre transparent. D'autres fois, un oncle à la main talentueuse, de la pointe d'une épingle, dessinant dans l'épaisseur blanche, avait tracé les plus étonnants profils.

«Renchausser» la maison

La mi-octobre indiquait bien que l'automne s'installait. Les matins découvraient une gelée blanche qui raidissait un peu plus longtemps les herbes fanées; l'ensoleillement avait, pour sa part, une durée amoindrie.

Bien que la maison fût assise sur un «solage» bien fait, celui-ci n'était pas aussi étanche que les bases de béton bien connues de nos jours. Il y avait donc un risque d'infiltration de vent coulis et, parfois, à cause des seuils de porte déficients, l'air pouvait courir sur le plancher. Comme mesure préventive, avant les jours de vent et de pluie de novembre, on ajoutait à la maison un «renchaussage» temporaire.

Il s'agissait de garnir la base sur tout son pourtour d'un souple renflement de mottes de terre herbue. Celles-ci étaient déjà prêtes, en un sens. En effet, chaque année, dans le temps mort placé entre les semailles et la fenaison, le cultivateur voyait à retracer les rigoles hésitantes ou envahies par les jeunes pousses. Les mottes du terrain découpé étaient renversées sur le bord du fossé; elles demeuraient là, faute d'un emploi immédiat. À l'époque du «renchaussage» , c'était l'aubaine.

Par une journée sèche ou sans soleil, mon père attelait un cheval à tout faire sur la voiture simple et il allait aux champs ramasser ces mottes de glaise ou de terre jaune que la repousse sauvage agglomérait parfois. Au retour, il approchait le chargement le plus près possible du «solage» et jetait près du mur cette masse tourbeuse. Il restait à bien appuyer les mottes au bas et à les joindre les unes aux autres, comme font les hirondelles. L'herbe étant sur le dessus, l'ensemble se mariait très bien avec le gazon environnant. Outre la maison, les bâtiments où logeaient des animaux recevaient le même traitement: les étables, la soue et le poulailler. Au début de juin, avant les grands travaux des semailles de toute sorte, il fallait défaire le «renchaussage». Le soleil réussissait à desceller les mottes, la pluie s'infiltrait et maintenait inopportunément l'humidité sur le bas des murs. Alors, quelqu'un, avec une large fourche, piquait dans l'amas serré des tourbes pour les étendre dans les proches dépressions du terrain ou aux abords du champ. Grâce à cette légère mise au point, au bon moment, la maison se reprenait à respirer.

«Faire boucherie»

Vers la mi-décembre, le croissant de la lune apportait régulièrement quelques jours de froidure intense; c'était le moment privilégié pour «faire boucherie». La venue des Fêtes exigeait l'approvisionnement du garde-manger; on y réussissait dans une large mesure par la richesse culinaire du porc frais.

La veille du jour prévu pour l'abattage, papa accostait son voisin que la tradition désignait comme saigneur qualifié. Le fait est qu'il réussissait toujours — parfois avec une certaine insatisfaction personnelle —, tandis que notre père devait surmonter une sensibilité heurtée à vif par cette tâche inévitable. Il fallait au moins trois autres hommes pour réussir les manœuvres importantes de l'abattage et de l'épilation du cochon.

Avant d'attaquer cette phase, il y avait à bien observer les préliminaires. L'enjeu majeur était de prévoir la quantité d'eau bouillante requise. À cet effet, un bûcher était préparé pour chauffer les grands chaudrons de fer; s'il ventait quelque peu, on disposait des tôles à l'arrière pour épargner le combustible. La grande auge bien colmatée était transportée à l'abri de quelque mur pour adoucir la tâche de ceux qui travailleraient au-dessus de la vapeur. La fermière avait préparé les couteaux: les larges, pour épiler la couenne, d'autres, pour tailler la viande, le meilleur et le plus pointu pour saigner la bête. D'ailleurs, l'acteur en titre avait le loisir d'apporter son outil. Mon père s'occupait de vérifier le taillant de chacun et de l'améliorer au besoin.

Vers dix heures, tout semblait prêt. Les hommes entraient dans la soue; l'un d'eux pénétrait dans l'enclos des bêtes et, écartant les autres, dirigeait le cochon sélectionné vers la petite porte de sortie où les aides l'empoignaient et lui attachaient les pieds. On le traînait dehors à peu de distance où l'on avait étendu de la paille propre sur la neige durcie. Les hommes agenouillés tenaient la bête ligotée sous leur poids; le saigneur se plaçait derrière sa tête pour bien ramener le bras vers la poitrine offerte. En face, ma mère s'apprêtait à recueillir le sang; au premier jet, elle glisserait sous la gorge de l'animal une poêle basse, où on avait jeté du sel, et on agiterait constamment le contenu avant le verser dans un seau où une brave adolescente brasserait encore le liquide fumant.

Les minutes devenaient denses; chaque acteur se concentrait en autant que cela était possible sous les vociférations stridentes de la bête. Sur un signe d'accord, le saigneur faisait pénétrer le couteau jusqu'à l'aorte; le sang jaillissait en pulsations bien marquées. Maman s'approchait, tournait rapidement la cuillère et versait dans le récipient une première quantité de liquide rouge écumant. Pendant cet intervalle, le couteau cherchait à stopper l'écoulement. Les cris de mort se changeaient bientôt en un râle court qui annonçait la fin. Les femmes se hâtaient de rentrer avec le contenu liquide, qu'il fallait tout de suite couler dans un linge qui retiendrait les caillots et l'écume. La chaudière était alors déposée dans une pièce froide de la maison.

L'opération suivante était l'épilation du cochon. En hâte, l'eau bouillante était versée dans l'auge. À quatre, les hommes avaient glissé le corps sur une échelle et, par une extrémité de l'auge, ils le faisaient descendre dans l'eau où deux filons de chanvre avaient été déposés en travers jusqu'au fond. Les ouvriers, prenant ces câbles, soulevaient la masse pour la retourner de côté et la baigner abondamment. Au juger, on pensait que la peau était prête pour l'épilation et le corps était replacé sur l'échelle, qui reposait sur les extrémités de l'échaudoir.

En se hâtant toujours pour gagner de vitesse sur le refroidissement, les hommes saisissaient un couteau et raclaient la couenne. Dans le meilleur des cas, tout allait bien; un adolescent veillait à verser de l'eau avec un gobelet, nettoyant les parties achevées. La bête était retournée, examinée avec soin. Immédiatement, elle était attachée à l'échelle par les pieds de derrière et on allait l'appuyer sur la porte de la grange. Quelqu'un, faisant l'office de boucher, ouvrait l'abdomen, qui se vidait tout seul de ses entrailles. Elles étaient portées à la cuisinière, qui prélevait les entrelacs adipeux du péritoine et réservait les boyaux du petit intestin. Le reste serait congelé dehors jusqu'au moment de la saponification, au printemps. Quand à la dépouille du porc, recouverte d'un linge, elle demeurait suspendue, à l'abri, durant toute une journée.

Pendant ces heures fébriles, si les enfants n'étaient pas à l'école, on ne les voyait pas. Ils s'entassaient dans la fenêtre du grenier de la maison, le meilleur point pour voir sans déranger et, surtout, en étant loin. Les insupportables cris de la victime se répandant au-delà des portes closes demeureraient dans l'oreille avec le souvenir et le sentiment qu'il existe certains moment pénibles à passer.

Saler la viande

Les saloirs que nous utilisions étaient d'assez grand format; nous les appelions des quarts en pensant à la capacité moyenne d'une tonne, probablement. On se les procurait après une entente avec le marchand général au moment où il en avait de disponibles. C'était ordinairement des contenants de vinaigre. Il en fallait deux de cette dimension et nous en avions un plus petit pour accommoder les circonstances.

Aussitôt après les «boucheries», le cultivateur se faisant charcutier assumait la tâche de débiter en morceaux la bête suspendue au froid depuis vingt-quatre heures. Quand il pouvait compter sur l'aide du boucher des environs, c'était une aubaine pour la garantie de l'opération et pour l'expérience à acquérir en la matière. Le porc était d'abord amputé de la tête et des membres et découpé simplement en quartiers. La technique du boucher consistait à prélever la cage thoracique pour en faire les fameux rôtis de côtelettes. On mettait de côté les jambons d'avant et d'arrière. Le reste constituait le lard à saler: celui du dos, des flancs et de la poitrine; tous les trois d'inégale valeur, entrelardés ou non. Ici, la fonction des saloirs prenait toute son importance.

Les saloirs, depuis le printemps, étaient presque vides. Il y restait une eau de saumure à odeur forte non susceptible de se corrompre, cependant. Mais avant de confier aux saloirs la nouvelle provision alimentaire, il fallait les nettoyer. C'était une opération inévitable, aussi peu attrayante que nécessaire. Ma mère, avec toute sa détermination, s'assurait, par ailleurs, de la collaboration de bras masculins. Ce sont les hommes qui enlèveraient des contenants la saumure et le sel, qui ne serviraient plus à rien et seraient jetés dans la fosse, comme l'on sait. Alors, la fermière, à l'aide d'une large brosse à plancher et d'une eau savonneuse, nettoyait l'intérieur de la barrique aux parois bien enduites d'une cire durcie. Puis elle la renversait et la laissait sur le côté. Quand la viande à saler était prête, le quart était remis d'aplomb sur sa base et le salage commençait. Du gros sel fraîchement apporté de la ville était là, tout près. Mon père en faisait un lit au fond du saloir, puis il plaçait les morceaux de lard roulés dans le sel, disposant la couenne au-dessous. Avec une terrine, il puisait du sel qu'il répandait abondamment entre les morceaux et les recouvrait complètement, formant ainsi la base d'un nouveau rang de provisions. Maman surveillait et organisait la manœuvre avec l'aide de quelqu'un qui transportait la viande des bâtiments jusqu'à la cave de la cuisine. À un moment donné, on passait à un deuxième saloir, selon la même méthode. Sur le dessus, on avait soin de mettre les morceaux que l'on voulait consommer au début. On versait ensuite sur le tout la saumure refroidie, que l'on avait faite assez forte pour porter un œuf.

Les saloirs, regroupés à peu de distance de l'escalier de la cave, faisaient une masse sombre, à juste titre imposante; ils étaient aussi hauts que nous, les enfants. Ces saloirs étaient fermés avec un grand couvercle surmonté d'une pesante roche. Avec le déroulement des jours, la surface du lard se faisait plus difficile à rejoindre, jusqu'à ce qu'il soit impossible de le faire. C'était l'avertissement que le printemps s'installerait bientôt. Jamais nous ne pensions que, pour nos parents, ce pouvait être un objet d'inquiétude sur la manière de compenser une pénurie.

De belles tripes

Le boudin que faisait ma mère était mis dans des boyaux. Leur préparation était une tâche préalable bien spécifique. Comme elle ne se répétait pas souvent, c'était une pure curiosité pour nos yeux d'enfants.

La journée même de la boucherie ou le lendemain, maman s'attelait à cette besogne fastidieuse. Elle avait conservé dans l'eau la partie des boyaux dite du petit intestin au moment où elle l'avait dépouillé de son réseau adipeux. Assise près de la table, elle plaçait devant elle un seau à demi rempli d'eau; à sa gauche, elle puiserait le boyau coupé à une bonne longueur. Sur ses genoux recouverts d'un tablier imperméabilisé, elle le tenait sur une longue planche adoucie. Avec le dos d'un couteau, par ailleurs, peu tranchant, elle grattait légèrement: une pellicule se détachait, qu'elle tirait vers le bas; c'était la peau qui s'enlevait. La tripe amincie et amollie était déposée dans un petit vaisseau contenant de l'eau, au bord de la table. Pendant cette opération, maman ne parlait pas; son visage était concentré et esquissait une petite moue d'ennui. Groupés un peu à l'écart, nous observions ces gestes insolites, admiratifs et incrédules à la fois à la pensée que cela finirait par servir un si excellent repas.

Cependant, la tâche n'était pas encore complétée. Une autre journée, il faudrait vérifier l'étanchéité des boyaux un par un. Nous attendions ce moment avec joie et désirions tous y prendre part. Maman acceptait en nous prévenant: «Vous allez voir: ce n'est pas si drôle que ça!» Pour tester la qualité primordiale de cette future enveloppe du boudin, on sortait de l'armoire une canule de bois de la longueur d'un manche de cuillère environ. Une extrémité était arrondie, bien polie; l'autre était finie d'un ourlet de bois creusé d'une fente circulaire pour bien fermer les lèvres dessus. Les boyaux lavés et relavés avaient été conservés dans l'eau salée. Il fallait maintenant les tourner à l'envers et les ajuster sur la canule. Après cela, on allait s'amuser.

Quelqu'un tenait la canule, maman fixait le boyau à son extrémité, le sortait complètement de l'eau et un autre enfant en tenait le bout bien serré dans ses doigts. Il s'agissait maintenant de souffler dedans. Quand la tripe était parfaite, elle se gonflait et s'agitait un peu en l'air. Des exclamations saluaient la réussite qui abrégeait la durée du travail. Parfois, l'excellent boyau était trop long au jugement de la cuisinière qui le coupait. Elle achevait l'ouvrage en faisant un double nœud à une des extrémités et déposait le produit dans un autre petit plat d'eau. Parfois, le boyau avait été percé par le frottement du couteau; alors il se gonflait jusqu'à cet orifice où l'air s'échappait avec un petit bruit. C'était décisif: il fallait couper un peu avant. Il pouvait même y avoir plusieurs défauts dans un même spécimen. Il était donc important de vérifier, de couper, de nouer. L'apprenti était mis à contribution et le temps requis faisait que plusieurs bonnes volontés pouvaient se succéder.

Malgré toute l'attention et les reprises, il arrivait qu'une pièce soit imparfaite; aussi serait-ce avec une extrême précaution que maman remplirait un boyau de la préparation liquide du boudin.

Faire le boudin

Pour faire le boudin, ma mère ramenait soigneusement ses cheveux en arrière et les enfermait dans un carré de coton blanc. C'était indiquer que le moment était sérieux. Comme fille aînée, j'avais la prérogative de l'assister par une demi-journée de classe qui retiendrait ailleurs plusieurs enfants.

Au sang du porc qui reposait au frais, il fallait ajouter le lait, le sel, le poivre, les oignons hachés et les largeurs de gras qu'on passait au «moulin à viande». Il en sortait des cubes blancs qui s'agglutinaient quelque peu. Alors, j'allais chercher la chaudière de liquide rouge. Maman enlevait le linge blanc coincé dans l'anse. Il contenait le caillé qui s'était formé après l'égouttement et qu'on mettait aux ordures. Avec grand soin, elle incorporait le gras et les oignons et faisait l'assaisonnement.

Sur la table, de grands contenants cylindriques bien polis et maniables étaient prêts pour l'opération. À l'écart, un amas de bouts de fil blanc attendait de servir. Avec application, je présentais à maman un boyau en l'ouvrant au bout. Elle y ajustait un entonnoir spécial et tenait serré la tripe sur le goulot. Avec une tasse, elle puisait dans la chaudière et vidait à l'intérieur de la pellicule la préparation en prenant soin de faire tourner le bout de la tripe dans le récipient. Quand il y en avait assez, elle enlevait l'entonnoir avec précaution et tenait la pellicule en deux points pour permettre de nouer le fil autour. Il fallait réussir absolument. Puis j'approchais un plus grand récipient au bord du premier; ma mère y déposait la tête du rouleau rouge et, en tournant le plat, le boyau s'allongeait à loisir. Ces précautions étaient indispensables tant que le liquide ne serait pas coagulé.

Si l'eau bouillante était à point, on procédait tout de suite à la cuisson. Face à la bavette du poêle, maman emplissait d'abord la casserole du fond. Je lui présentais le bassin en l'élevant au niveau du contenant; elle tenait le boyau en spirale et le laissait descendre lentement au fond. D'autres s'ajoutaient à côté et par-dessus tant que le volume de l'eau le permettait. L'important était d'éviter les heurts; sous le choc, le boyau pouvait se percer: c'était la catastrophe.

La cuisson se faisait dans les vingt minutes. La couleur passait au noir, les bulles étaient régulières; on surveillait la surface pour que les boyaux soient bien immergés. Pour les retirer, il y avait moins d'inquiétude: on maniait du solide. Restait toutefois le danger de l'eau bouillante si une pièce échappait et éclaboussait les travailleuses. Avec des instruments de fortune, soit dans une main, une grande cuillère de bois et, dans l'autre, un tampon fait d'un linge blanc, maman retirait un boudin et l'amenait s'enrouler dans le récipient de transfert. Tout de suite, on le déposait avec d'autres dans une grande tôle sur la table. Au fil de l'opération, le stress diminuait et nous en arrivions à nous féliciter à la vue des boyaux fumants qui s'allongeaient en sillons et sur lesquels maman passait une couenne de lard pour leur donner du lustre. Puis les tôles seraient déposées sur le plancher du salon, une pièce fermée, l'hiver.

De retour, jetant l'œil aux casseroles, la cuisinière s'apercevait parfois qu'un boyau avait éclaté. En la circonstance, cela signifiait qu'on ferait un repas avec du boudin remodelé en carrés, chose inhabituelle pour nous. Mais les dimanches et à certains jours des vacances, ce serait le régal. Curieusement, cette pellicule qui avait exigé tant de travail ne passerait pas dans la poêle, ma mère préférant mettre directement à contribution, pour la friture, les petits cubes de gras de son boudin.

Un épisode particulier s'ajoutait encore à la liturgie culinaire qui suivait les «boucheries». Pendant les mois d'hiver, notre poulailler fournissait des œufs au-delà de nos besoins — à cause des réserves faites —, ce qui permettait d'en vendre à quelques «pratiques» privées. Au moment des cochonnailles, mon père acceptait avec effort d'offrir quelques livres de boudin fait maison. L'appréciation était explicite et, la semaine d'après, le «peddler» était inondé de compliments à transmettre à la cuisinière, qui les acceptait avec un grain de sel.

Les tempêtes de neige

Au temps de mon enfance, les tempêtes de neige, peut-être plus nombreuses, arrivaient à leur manière propre, parfois décelable, parfois inattendue. Dans chaque cas, elles apportaient de l'inhabituel, de l'excitation pour les enfants.

Dès que le mauvais temps s'annonçait, la maîtresse de maison voyait à faire provision de bois, assurait son menu pour plusieurs repas et préparait des vêtements chauds. Souvent, la «poudrerie» se déclenchait l'après-midi; ses gonflements faisaient vite disparaître le chemin des voitures sous le balayage du vent. On estimait qu'il ne serait pas prudent de laisser les enfants revenir à pied de l'école. Mon père, ou notre voisin, attelait un fort cheval à un traîneau sans siège, y accumulait des couvertures de jute et des robes de carriole au long poil, puis se mettait en chemin vers l'école du rang, à un mille de distance.

De son côté, l'institutrice prévoyait l'événement et, discernant dans le blizzard, un cheval et son conducteur enneigé, exhortait les écoliers de nos deux familles — entre huit et dix — de se hâter de s'habiller. Il ne fallait pas faire attendre cet équipage dans le froid. La classe prenait fin pour tout le monde dans une joie prudemment retenue. Les écoliers favorisés s'assoyaient sur les fourrures, les uns devant les autres, le dos appuyé sur les côtés du traîneau.

Le conducteur déployait sur leurs têtes les couvertures improvisées qui coupaient le chemin aux flocons de même qu'à la lumière. Alors, nous cherchions à deviner le trajet par les lentes foulées du cheval. Passions-nous à tel endroit? Chez tel voisin? Enfin, c'était l'arrivée à la maison qui ne nous avait demandé aucun effort.

La nuit permettait à la tempête de poursuivre une accumulation sans contrainte ou d'épuiser sa rage. Au lever, nous constations une réalité appréciée selon nos critères. Nos parents déclaraient vite que nous ne reprendrions pas un déplacement aussi risqué ou, si le beau temps venait, qu'il fallait attendre que les chemins soient ouverts. Dans les deux cas, on restait dans la maison, à faire les devoirs, à lire dans nos livres, à colorier.

Quand l'horizon s'éclaircissait enfin, une fine poussière blanche recouvrait toutes choses que le vent promenait et déposait ailleurs à son gré. Le temps était froid et silencieux. Les hommes, qui avaient réussi malgré tout à se rendre à l'étable, dans la tourmente, s'affairaient maintenant à tracer des chemins convenables. Deux, trois jours de «poudrerie» avaient complètement changé l'aspect de la cour. Près du perron, à l'ouest, un vide circulaire laissait un peu de jeu pour sortir. Mais tout à côté, le vent avait accumulé un «banc de neige» dont le dos rond venait toucher la corniche de la maison. C'est là que nous irions glisser quand le froid perçant des jours prochains aurait durci cette masse blanche au sein de laquelle nous creuserions un tunnel jamais achevé mais bien suffisant pour occuper nos énergies et notre imagination.

Les passe-temps des Fêtes

Le temps des Fêtes était un moment privilégié où la famille se reformait par la présence des étudiants pendant deux semaines. L'atmosphère était différente à la fois à cause du nombre de personnes et des occupations propres à ces jours-là.

C'était à Noël que nous recevions quelques étrennes: de petites choses à l'intérieur de notre bas famélique et, ordinairement, un colis qui y était attaché. Celui-ci répondait à une demande personnelle ou bien renfermait un jeu nouveau qui occuperait plusieurs des enfants. Le cahier à colorier était toujours de mise pour les plus jeunes qui trouvaient plus d'intérêt à commenter les dessins qu'à y mettre des couleurs. Un jeu de mécano impressionnant avait été donné à notre frère aîné. Il était fait de poutrelles de fer-blanc qui s'attachaient les unes aux autres par des boulons. Un cahier fournissait des modèles à construire époustouflants, tel ce derrick que nous ne vîmes qu'en photo. C'était, en somme, une œuvre de patience solitaire rarement achevée.

Quand venait le goût d'un jeu collectif, il y avait, au choix, le parchési où il fallait bien compter pour aller vite au ciel ou le jeu des échelles et des glissoires qui menaient tout à coup à la catastrophe. Plus étonnant et amusant, le jeu du saut des puces reposait tout le monde.

Sur le bout de la table garnie des épaisseurs d'une nappe repliée, chaque joueur disposait de quatre minces rondelles de plastique et d'une plus grande. La couleur distinguait l'avoir de chacun. Au centre de l'espace, était placé un petit gobelet de peu de hauteur. Chaque joueur, à son tour, à l'aide de la grande rondelle, pressait sur le bord de chacune des petites, ce qui la faisait sauter et, parfois, bondir dans le vase. Des cris d'étonnement, de joie et d'envie s'échappaient des gorges en même temps que des questions sur la méthode pour viser au but, la force de la pression, le point d'appui. On devinait bien que là était le secret de la réussite. L'enjeu restait simple; la performance de chacun, amusante. La compétition se limitant à un tour de table, permettait d'interrompre la partie si maman intervenait en disant: «Bon! les enfants, vous allez vous ôter; on a besoin de la table.»

Au nombre des divertissements qui avaient notre faveur, rien ne surpassait la confection d'un casse-tête par l'assemblage des morceaux d'une gravure qui avait été découpée en petites pièces ajustables les unes aux autres. Peu dispendieux, ces tests d'observation étaient variés et, quelques-uns, fantaisistes par rapport à la photographie ou au découpage.

Les premiers spécimens eurent une dimension restreinte, puis nous passâmes à une entreprise plus imposante. Pour transporter le jeu d'un point à un autre, nous avions recours à une planchette mince ou à un grand carton. À la clarté du jour, nous faisions des séances de pratique très efficaces. Maman adorait ce loisir et elle guidait notre recherche. «Es-tu capable de trouver ce morceau-là, avec une caboche et une petite tache jaune? Avec tes yeux, tu dois pouvoir le rejoindre», disait-elle à l'un ou l'autre des joueurs. À mesure que la gravure se reconstituait, nous devenions impatients de la compléter jusqu'à cacher des morceaux dans notre main pour poser le clou final. L'œuvre achevée était admirée, critiquée, commentée et conservée un moment, puis on passait à une autre avec une patience toute neuve.

Sitôt la Noël passée, nous avions un devoir à accomplir qui nous demandait de l'application: écrire nos vœux à notre grand-mère maternelle, qui vivait aux États-Unis. Maman nous donnait l'exemple en s'y mettant elle-même. Les plus vieux avaient chacun une petite feuille; les plus jeunes écrivaient sur la lettre maternelle. Chacun s'exprimait par soi-même; maman aidait seulement pour la disposition en traçant des lignes de base. Ce moment d'effort était récompensé; le courrier nous rapportait bientôt une missive avec un petit mot pour chacun. Ce devoir s'appliquait aussi envers le parrain ou la marraine quand maman leur écrivait.

Les jours de beau temps nous donnaient l'occasion de prendre l'air en sautant en bas des congères, en creusant des cavernes aussi. Un jeu de frissons se pratiquait par les aînés que nous hésitions à imiter. Ils s'étaient construit une sorte de tape-culs improvisés. Avec la planche recourbée d'un tonneau, ils en faisaient la base. À l'arrière, une bûche était clouée pour porter le siège fait d'une planchette; à l'avant, un petit morceau de bois fixé sur la largeur permettait d'appuyer les pieds. Chacun des conducteurs s'essayait à réussir la descente sur le toit incliné de la passerelle entre les deux granges. La machine avait peu d'équilibre et filait très vite en faisant un saut douteux du toit sur la neige accumulée en bas. L'échec était aussi amusant que la performance; d'ailleurs, la pratique en était vite contrariée par les changements de climat.

Ainsi filait le temps des vacances que nous voyions s'achever sans étonnement ni contrariété, satisfaits de vivre bien portants et sans problèmes: un mot que nous ne connaissions pas.

«Cliper» les bêtes à cornes

Voici peut-être une tâche tout à fait inconnue à cause de sa discrétion, celle d'amincir le pelage des ruminants. Cette opération bien spécifique avait lieu pendant les vacances des Fêtes. Il y avait à cela deux bonnes raisons: la qualité de l'hivernage des animaux et la présence d'une main-d'œuvre d'appoint: les étudiants.

Vers la fin d'octobre, et exceptionnellement à la mi-novembre, les laitières avaient fini de brouter dans les champs. Depuis quelques semaines déjà, après la traite du soir, elles ne sortaient pas. Nos parents étaient sensibles au bon traitement des animaux et ils jugeaient que la nuit — à ce temps de l'année — était défavorable au bien-être et au bon rendement des vaches. Tel n'était pas le cas des «taurailles», cependant. Celles-là pouvaient encaisser les temps durs un peu plus longtemps.

À la fin de décembre, les bêtes à cornes avaient une fourrure déjà épaisse. Leur grand nombre contribuait à réchauffer l'atmosphère de l'étable déjà saturée du gaz carbonique, des odeurs animales et alourdie des vapeurs ambiantes. Il était donc tout à fait à propos de les soulager de leur long poil et de contribuer en même temps à la propreté de l'animal. Dans les jours froids du temps des Fêtes, le travail de «cliper» les ruminants paraissait agréable.

L'outillage était simple. Une solide tige métallique de la hauteur de l'animal et dont la base formait trépied s'achevait par une tête à manivelle. De cette boîte, partait un boyau de caoutchouc enrobé de tissu dans lequel passaient les chaînettes d'actionnement de la tondeuse. Un ouvrier tournait la manivelle et un autre guidait la tondeuse dans la fourrure à amincir.

L'initiative était laissé aux volontaires, mais il y avait peu de marge de liberté. Il fallait couvrir la surface du ruminant et les circuits capricieux ne hâtaient pas l'ouvrage, donnant lieu à des échappées à réparer. Seule exception possible: la croupe de certaines bêtes trop crottée pour permettre le travail. Tel était le cas de cette laitière appelée Chameau. En somme, il n'était guère possible de toiletter plus de trois bêtes en un jour, car l'heure de la traite venait vite en cette saison.

Sur le plancher, s'accumulaient les lisières d'un poil gris beige, sale de poussière. Mais dans les jours suivants, il y aurait soulagement de voir que les vaches n'étaient plus moites de transpiration et surtout — comme ne manquerait pas de le souligner ma mère —, c'était plus ragoûtant de s'asseoir, la tête tout près de l'animal.

La froidure matinale de l'hiver

Chez nous, un signe matinal attestait la grande froidure de l'hiver en cours. À notre arrivée dans la cuisine que mon père avait à grand-peine commencé à réchauffer, nous décelions une activité inhabituelle. Maman portait un chandail et des couvre-chaussures; elle surveillait le poêle où crépitait une bonne attisée. Mon frère, Marcel, portait ses vêtements les plus chauds et semblait être prêt à sortir. La cause de cet affairement spécial était, en effet, inusitée et due au froid excessif de la nuit.

L'évier de la cuisine était installé sur le mur du côté nord. Au-dessus du «solage», une ouverture permettait la sortie d'un court tuyau de renvoi des eaux usées qui s'écoulaient par une petite dalle vers la rigole voisine. Quand l'aquilon soufflait, il arrivait que l'eau séjournant dans le boyau se transformait en glaçon. Il devenait impossible de se servir de l'évier.

Retardant la traite des vaches, maman embauchait son fils pour faire le déblocage urgent. Il s'agissait de trouver une tige de fer de la longueur du bras, d'en faire rougir l'extrémité dans la braise. Puis on irait rapidement à l'extérieur, enjambant la neige accumulée, la glisser dans le tuyau et faire fondre un peu le glaçon qui se détacherait, entraîné par son poids. Parfois il fallait s'y prendre à deux fois, mais le moyen était bon. La même chose se produisait pour la pompe à eau qui, alors, fonctionnait à vide. L'eau était convertie en glaçon dans le tuyau d'amenée, à sa sortie du puits, sous la surface du sol. La seule mesure à prendre était donc de verser de l'eau bouillante sur le coude du tuyau pour faire disparaître le bouchon de glace.

Le petit matin reprenait donc son visage: l'eau se dispensant à nouveau pour laver, rincer et cuire les aliments. Au déjeuner, rien n'y paraissait. Mais quand, dans les conversations de la semaine, quelqu'un parlerait du froid, on en viendrait à dire que le sommet fut ce matin-là où la pompe et le renvoi d'eau avaient été obstrués par un glaçon.

Décorner les ruminants

Le troupeau de laitières qui était à la base des revenus de la famille était constitué d'éléments disparates, car nos parents n'avaient pas les moyens d'acquérir des animaux de race. Il s'agissait surtout de ceux qui naissaient à la ferme et, parfois, d'une bonne acquisition qui se présentait. D'une manière générale, aucun pedigree ne renseignait sur le caractère de l'animal. Nous savions cependant, par ouï-dire, que de déplorables accidents arrivaient à des cultivateurs. Maman déclarait tout de go: «Les cornes sont trop longues.» C'était affirmer implicitement une décision exécutoire.

L'opération de couper les cornes se faisait chaque année d'après le nombre de rejetons devenus adultes ou des bêtes nouvellement acquises. Par les froids secs de janvier, on voyait arriver deux hommes, qui, munis de longues cisailles, se dirigeaient vers les bâtiments. Maman répondait sobrement à nos questions: «Ce sont les décorneurs.» Sans voir ce qui se passait, nous aurions bientôt l'occasion de nous renseigner.

Les yeux souvent jetés vers l'étable, nous apercevions en effet, après un certain temps, les jeunes taures décornées sortir de leur abri et sautiller en désordre ici et là en branlant la tête de droite et de gauche. Bientôt calmées par le froid analgésique, elles stationnaient ensemble en attendant qu'on leur ouvre la porte à nouveau. Souvent, des arabesques tracées par l'éclaboussement du sang avant sa coagulation décoreraient en permanence les murs blanchis de la grange.

Dans la circonstance, nous demeurions sans commentaires, à la fois conscients du bien-fondé de la chose et troublés par l'inconfort temporaire de ces animaux. Nous avions pourtant sous les yeux une laitière de race, venant d'un autre troupeau, dont les cornes recourbées doublaient le front. À leur extrémité, un anneau de cuivre encerclait la pointe émoussée. Malgré cette précaution, l'un des deux avait disparu, qui confirmait implicitement la prudente décision de décorner les jeunes ruminants.

Se déplacer en hiver

En dépit de la température froide ou de l'état variable des chemins, les déplacements indispensables étaient rarement suspendus, l'hiver. Cependant, il fallait choisir le véhicule approprié et consentir à voyager lentement.

Chaque jour, quelqu'un allait porter le lait à la ville voisine de la paroisse mère. Le chemin rural — c'était le plus court — passait devant l'école et nous profitions très souvent de ce moyen de transport. Le dimanche, nous poursuivions le voyage jusqu'à l'église tout à côté de la laiterie. La lenteur du déplacement ne nous épargnait pas la morsure du froid aux pieds malgré la protection des couvertures. Cependant, nous étions chaudement vêtus et maman avait préparé pour les filles deux beaux manchons: l'un, tout rond, à poil noir et souple; l'autre, plus allongé, en fourrure courte brune. Non seulement pouvait-on y enfouir les mains, mais aussi nous y cacher la figure, au besoin.

Le traîneau le plus pratique pour se déplacer avec moins de lenteur était la «carriole». Faisant corps avec une base planchéiée, elle protégeait du froid parce que son siège capitonné était profond, le dossier, très haut comme aussi l'avant de la voiture bien relevé pour parer le vent et les mottes de neige lancées par les pieds du cheval. Un deuxième siège, sorte de strapontin latéral pliant, pouvait s'insérer entre la cloison d'avant et les pieds des voyageurs. Un jeu de charnières permettaient d'en rabattre la moitié et d'asseoir des enfants qui tournaient le dos au cheval. Quand le siège était redressé, le conducteur s'y plaçait et une autre personne pouvait être à sa gauche.

La «carriole» était le plus confortable des véhicules d'hiver parce que les voyageurs étaient mieux à l'abri du vent. De plus, elle nous amusait gratuitement par l'extrémité de ses lisses de fer qui dessinaient une belle spirale à l'arrière où nous avions la tentation d'accrocher un traîneau ou simplement de nous tenir sur un pied, les mains appuyées sur le haut dossier.

Le traîneau de toilette était le «sleigh», voiture noire ornée de quelques filets rouges. La caisse était montée sur une armature cambrée qui se terminait par des patins étroits et légers. Confortable, il logeait cependant peu de personnes sur un seul siège capitonné de rouge. À cause de la hauteur de la caisse, les voyageurs étaient plus exposés au froid, ce qu'on voulait atténuer en utilisant une belle robe de fourrure à poils noirs – de bison, disait-on – doublée en rouge.

Un déplacement en «sleigh» était plus agréable, car on voyait l'horizon et le voisinage du chemin, au son des clochettes fixées aux brancards de la voiture. Dans le fond de la «carriole», on n'avait connaissance que du glissement du traîneau tandis que le cheval qui marchait en décalage dans le sillon de gauche, coupait toute la vue au loin. Restait une meilleure préservation du froid dans une patiente et presque courageuse solidarité.

Les parties de whist

Au cours de l'hiver qui aboutirait bientôt au carême, une tradition s'établissait tout près de nous. Notre voisine, une personne gaie qui aimait bien faire partager son goût de vivre, organisait, chaque année, chez elle, une partie de whist. Elle y invitait des femmes, selon une liste tout à fait personnelle, et maman en faisait partie.

Un soir de semaine, donc, ma mère confiait la garde de la maison à l'aînée des filles sous le regard bienveillant de notre père. Munie d'un jeu de cartes, elle partait avec un petit sourire qui indiquait son plaisir de taquiner le hasard. Sur le jeu lui-même, nous étions peu renseignés si ce n'est que les parties étaient de courte durée — ce qui faisait de nombreux candidats à la chance — et que cela ressemblait au jeu de cinq-cents dont nous avions une idée.

Le lendemain matin, à notre arrivée dans la cuisine, où nous finissions de nous habiller pour l'école, la performance de la joueuse se manifestait. Sur la machine à coudre, était disposée la récolte que maman avait faite: des petits plats de verre, un cendrier, un bibelot et quoi encore? Chacun de ces objets indiquait une réussite de deux partenaires et la faveur du tirage au sort.

Tout en vaquant au déjeuner, notre mère suivait de l'œil notre réaction en s'applaudissant à l'intime. Papa restait sur son quant-à-soi, lui qui n'appréciait pas ce genre de loisirs. Peu à peu, dans la conversation, maman racontait cette soirée où elle avait rencontré telle ou telle personne, reconnu la bonne organisation de notre voisine et montré ce qu'elle-même était capable de réussir.

Dorénavant, au nombre des articles à épousseter ou des bonbonnières à laver, certains objets seraient ainsi identifiés: «C'est maman qui a gagné cela au whist, l'an passé.»

Travailler le cuir

La saison d'hiver, avec ses soubresauts climatiques, s'écoulait lentement et apportait des heures creuses, des temps d'inactivité forcée à cause des intempéries et de leurs suites. Pour ma mère, c'était des occasions créatrices d'initiatives. Elle dénichait tout de suite des travaux qui attendaient leur tour: défaire des vêtements, pelotonner des écheveaux de laine ou de fil, faire des morceaux de couture et quoi encore? Il arrivait même qu'elle mit en branle de l'inattendu.

À peu près chaque semaine, l'une ou l'autre de ses cousines qui demeuraient tout près, venait faire un petit tour, l'après-midi. Dans la conversation, Clara évoqua la nouvelle invention de sa sœur Lucille, femme aux multiples talents. Voilà qu'elle s'était mis en tête de fabriquer des harnais pour les chevaux de la ferme. En écoutant cela, maman pensa que son grand fils serait capable d'apprendre la technique et de renouveler le matériel finissant.

Avec rapidité, les préparatifs commencèrent. D'abord, se procurer une peau tannée, des aiguilles, une alène, du fil, un couteau adéquat, un petit marteau, une équerre et, surtout, un chevalet pour travailler. Sous les conseils expérimentés d'une tutrice, les choses allaient sans difficulté; Marcel apprenait à fabriquer un ligneul avec plusieurs brins de fil englués de résine goudronneuse —

le brai —, à tailler des longueurs dans le cuir après en avoir distingué la qualité et l'usage approprié.

Aidé d'une sorte d'étau sur pied qu'il avait fallu confectionner, le jeune sellier coinçait le morceau à coudre, le perforait de l'alène et tirait fortement le fil responsable de tenir en place les épaisseurs de cuir. Durant les heures d'atelier, le maître visitait l'élève et passait la technique. Ici, il faudrait insérer une boucle ou un petit cylindre de métal ou un anneau; là, faire des trous ou poser des rivets dans les parties les plus épaisses. Après ces rudes essais, il serait agréable de tenter de confectionner une bride, ce morceau d'un ajustement délicat. Le gros ouvrage demandait inexorablement une finition soignée. Une teinture devait être appliquée plusieurs fois sur la tranche du cuir, ces épaisseurs, l'une sur l'autre, puis, en finale, pour assouplir les courroies, une application répétée d'huile de pied de bœuf, ce produit spécifique tout autant que mystérieux.

Ce jour où les chevaux étrenneraient les nouveaux harnais, il y aurait pour la famille une juste fierté en pensant que l'équipage pouvait supporter la comparaison avec bien des spécimens. Pour l'auteur de cette confection, c'était une connaissance acquise dans un domaine tout nouveau et, pour nous, ç'avait été l'étonnement répété de l'avoir vu en maîtriser la technique.

Le jeûne du carême

Les mots de jeûne et d'abstinence, en particulier dans leur rattachement à la longue période du carême, résonnaient à nos oreilles comme un décret peu agréable, difficile à observer. Nous savions que le premier ne s'adressait pas à nous mais qu'il nous atteindrait d'une autre manière.

À cette époque, la mesure concernait les adultes de plus de vingt et un ans jusqu'à la soixantième année. Il s'agissait donc de nos parents et le jeûne s'appliquait chaque jour de la semaine, sauf le dimanche. De plus, à tous les enfants et adultes, l'Église demandait de s'abstenir de viande les mercredi et vendredi de chaque semaine. Cela se traduisait d'ailleurs sur le calendrier où le temps de la sainte quarantaine affichait le dessin d'un poisson en travers des quantièmes concernés.

Les problèmes d'exécution se présentaient à la cuisinière, qui devait offrir un menu de l'observance. Pas de viande, pas de charcuterie, pas de boudin non plus en ces jours. Aussi voyions-nous apparaître un personnage nouveau qui venait sauver la situation: le poissonnier. Dans son traîneau muni d'un coffre de bois, il présentait plusieurs sortes de poissons dont la morue salée, qui se conservait bien et ne coûtait pas cher.

Nos repas prenaient donc la couleur de l'abstinence, c'est-à-dire qu'ils en devenaient pâles sous la sauce blanche qui accompagnait la morue ou les œufs. Il restait tout de même les pâtés aux patates, au saumon et les bonnes crêpes. Nos lunches d'école s'en ressentaient aussi sauf pour les tartines à la mélasse caramélisée. Le dimanche prenait tout son relief avec le moindre menu en liberté.

Ces quarante jours pesaient de tout leur poids sur les épaules de nos parents dont la journée commençait tôt et que le froid tenait sur le qui-vive. Certains matins, quand mon père se demandait s'il allait jeûner, maman tranchait rapidement: «Tiens-toi tranquille, tu vas bûcher: il faut que tu manges!» Pour nous, les enfants, témoins de cette générosité, il était question de faire des sacrifices personnels ou collectifs. Ces derniers nous étaient facilement rappelés quand la tâche de rentrer le bois, préparer le menu des laitières ou d'autres corvées se présentaient. Quant au choix de notre perfectionnement personnel, nous en gardions le secret tout en souhaitant que ce soit suffisamment visible pour notre réputation.

Bûcher le bois

Notre terre à bois se trouvait éloignée d'environ quatre milles. Pour s'y rendre, au lieu d'aller passer par le village, on avait heureusement trouvé une solution pratique: celle de demander à un voisin, dont la terre se trouvait en ligne avec ce boisé, un droit de passage temporaire dans son champ.

Quand la neige avait atteint une bonne épaisseur — ordinairement en janvier — et avant que les froids ne la durcissent, les bûcherons voyaient à battre le chemin en passant avec un traîneau à lège. Puis cette route serait utilisée pour aller bûcher et, quand viendrait le temps, pour charroyer les billes.

Le matin que mon père allait au bois, maman se hâtait de préparer un lunch substantiel pour deux personnes. Elle recouvrait de graisse de rôti les tranches de pain qui feraient sandwich et y enfermait des cubes de porc frais. Pour dessert, s'ajoutaient des tartines de mélasse caramélisée sur le poêle et enduites d'un peu de beurre. Le tout était inséré dans une boîte à lunch en métal dont le couvercle surélevé pouvait recevoir une bouteille thermos de thé chaud.

Puis, c'était l'habillage. Mon père était sensible au froid à longueur d'année. Jamais il ne portait de vêtements à manches courtes et, avec la venue de l'automne, il augmentait le nombre de pièces à revêtir. Quand il s'agissait de passer la journée au froid, maman veillait, elle aussi, à l'en protéger. Elle lui avait confectionné une canadienne avec capuchon et, le moment venu, elle l'aidait à l'endosser. Pour finir, venaient les larges mitaines de bonne flanelle doublée de cuir sur la paume et au pouce: une étonnante confection maison. Le temps de se rendre au bois et celui d'en revenir représentaient le danger de prendre froid à cause de l'inertie prolongée des voyageurs. À travailler, on se réchauffait bien.

Sur cette terre à bois — absente de notre mémoire —, papa et un de ses fils abattaient les arbres qu'ils avaient désignés, les ébranchaient et, après un certain nombre, ils utilisaient les chevaux pour les traîner à l'orée du bois où ils pourraient être chargés pour le transport.

Préparer une charge de bois était un moment de calcul, de réflexion: quels gros troncs mettre à la base, comment faire l'équilibre en insérant les diverses formes complémentaires les unes des autres, quelle hauteur donner, compte tenu du poids global? La manière de s'y prendre avec le levier à crochet et la barre de fer rendait compte de l'habileté des travailleurs dont la force physique n'aurait pas suffi. Pour terminer le travail, les opérateurs passaient une forte chaîne par-dessus les billes et la verrouillaient à la base des montants du traîneau. Par temps adouci, les chemins «coulants» offraient un danger: celui de déséquilibrer le chargement par un glissement latéral.

Quand le voyage de bois passait devant la fenêtre de la cuisine, nous pouvions l'admirer. D'énormes fûts à la base, puis des billes de différentes grosseurs et, sur le dessus, des branches pour combler les vides. Assis sur leurs coussins de jute, les deux bûcherons avaient tourné le dos au vent. Malgré cela, ils avaient le visage rouge et les membres engourdis par le froid.

En dépit de cette vie dure et exposée aux accidents, mon père aimait aller bûcher au «deux». Le blanc immense des champs et le silence sonore du bois faisaient un nouveau décor et le compagnonnage avec l'un ou l'autre de ses fils devenait tout différent.

Le
rappel du
Temps

Lever les œufs

Avez-vous déjà levé les œufs? Nous y allons. C'était l'opération complexe de faire la récolte journalière des œufs de nos pondeuses. Il y avait place pour vérifier une méthode, pour déceler le caprice aussi.

L'élevage des volailles était un domaine où on apportait du soin et le souci d'un perfectionnement. Ainsi l'expérience prouvait-elle que les Plymouth Rock étaient d'excellentes couveuses et de bons sujets pour l'engraissage tandis que les minces Leghorn atteignaient le record dans la production des œufs.

Maman veillait sur le poulailler et réclamait à bon escient auprès des hommes les soins réguliers et les améliorations. Le bâtiment, lambrissé de bardeaux, fut muni de bouches d'aération. Deux rangs de cases superposées et surélevées occupaient le centre de l'espace. Chaque nid était tapissé de paille pour attirer les pondeuses; un œuf de grès y donnait l'illusion que la précédente avait fait un bon travail et qu'il fallait contribuer aussi.

L'ennemi d'envergure était le froid. Divers correctifs y furent apportés. Une bonne couche de paille sur un plancher nettoyé donnait l'occasion aux poules de travailler joyeusement après qu'on leur eût jeté des grains d'avoine à la volée. Une trémie soigneusement confectionnée distribuait la moulée et les écailles d'huîtres concassées pour fournir le calcium. On plaçait, ça et là, des points d'eau où les assoiffées, après avoir mouillé leur bec, levaient la tête en tournant de l'œil. L'hiver, on ajoutait même une petite quantité de poivre rouge à leur moulée. Le correctif le plus spectaculaire au froid fut l'idée de construire un jubé où les poules pourraient se réfugier pour passer la nuit, l'hiver.

Vers quatre heures, c'était le temps de lever les œufs. L'une des filles ou maman elle-même prenait un vaisseau garni de quelques linges-tampons et faisait le tour des nids du poulailler. Toutes les cases étaient visitées; les unes, rapidement, les autres, avec lenteur. Une petite porte se relevait et découvrait l'espace où la poule avait pris place en entrant de l'autre côté. Quand nous allions, le jour, sur demande de notre mère, chercher un œuf, il nous arrivait de faire face à une pondeuse offusquée qui, se renfrognant, caquetait son indignation. Certains nids étaient fréquentés à l'excès; on pouvait y trouver une douzaine d'œufs, tandis que d'autres étaient vides.

Après cette récolte, nous prenions le capricieux chemin des pondeuses itinérantes. Par la belle saison, celles-ci fréquentaient des nids logés ici et là, dans les abords des bâtiments et à l'intérieur de ceux-ci. Il y en avait dans les herbes, le long des rigoles, dans le foin perdu des tasseries vides, sur le grenier de l'étable, qu'elles parvenaient à atteindre on ne sait comment. Quand maman trouvait que le nombre d'œufs était faible, elle disait: «Les pondeuses doivent avoir des nids ailleurs. Allez voir, les enfants, dans les alentours.» C'était, en effet, important de les trouver pour les consommer frais à défaut de les offrir en vente. L'expérience nous avait renseignés sur des mauvaises surprises.

La compagnie des poules était constante dans nos déplacements quotidiens. Elles picoraient librement aux alentours de leur habitation où elles creusaient des trous pour s'y enfouir à demi. Le chant du coq et le caquetage joyeux des poules mettaient de la vie dans la cour et signalaient tout haut le beau temps. Elles contribuaient parfois à exaspérer notre père, qui les trouvait dans le grenier du hangar où elles pillaient le grain. En revanche, de temps en temps, il nous arrivait de nous les offrir, sans vergogne, en sauce blanche.

Traire les vaches

Le moment de la traite des vaches avait une importance majeure parce qu'il revenait régulièrement deux fois dans un cycle de vingt-quatre heures et qu'il mobilisait presque toute la famille dans divers travaux.

La traite du matin passait un peu inaperçue sauf, quelques minutes avant le déjeuner, pour ceux d'entre nous qui avaient la responsabilité de nourrir les veaux, à l'époque de l'engraissage. Celle du soir avait plus d'envergure à cause des préparatifs obligatoires et des soins alimentaires prévus.

Pour les hommes, il s'agissait de nettoyer l'étable, de refaire la litière des ruminants et de préparer la quantité de foin à consommer en l'arrachant aux «tasseries» parfois à distance. Pendant la traite, les animaux mangeraient calmement leur pâture, pendant que les enfants s'occuperaient à préparer et à servir aux laitières les tranches de rutabaga qu'elles avalaient avec satisfaction. Auparavant, ils avaient travaillé un bon moment à remplir les auges de l'eau fraîche pompée par des bras qui se remplaçaient. Il y avait aussi des portions de moulée déposées dans des seaux de métal; il fallait de l'habileté pour satisfaire deux laitières de la même mangeoire sans se faire écraser les doigts sous l'auge de bois.

Les adultes et les adolescents commençaient à traire les vaches selon un choix circonstancié. Nos parents se chargeaient des bêtes incommodes ou qui donnaient difficilement le lait. Nous nous partagions les autres selon notre entente et notre manière propre. Peu à peu, une atmosphère s'installait où le tintement varié du lait sur le zinc des contenants se mêlait au chœur des chansons, voire des cantiques familiers. Le temps fuyait, allégé par cet entrain qui aidait la solidarité.

Pour les uns et pour les autres, enfants et adultes, la tâche était finalement accomplie et le souper préparé par Lucienne répondrait à des appétits bien développés.

Le passage du train

Parce que le passage du train de voyageurs était la concrétisation même de l'exactitude respectée, il pouvait servir d'horloge aux citoyens et, bien plus encore, aux travailleurs aux champs. Avant même que nous sachions l'heure, le sifflet du train nous avertissait qu'une partie du temps fuyait déjà.

La journée était donc scandée par quatre moments: deux fois par le train en direction de l'ouest; deux fois dans l'autre sens. Comme nous ne prenions pas le train — sauf pour les étudiants pensionnaires —, son passage nous était agréable et faisait lever des rêves. De loin, les wagons avaient l'air de glisser sans bruit et de promener des touristes dans une situation toujours enviable.

Pour notre père, le train remplaçait la montre, et, de fait, donnait un bon rendement. L'un invitait à aller dîner et donnait le temps de se rendre pour la soupe chaude; l'autre passait à peine avant deux heures de l'après-midi, allant vers l'est. Quand les enfants étaient peu enthousiastes à continuer le sarclage, papa jetait: «Ça ne fait pas longtemps que le train est passé!»

Le bruit du chemin de fer et le sifflement du train donnaient aussi une information sur leur style. L'express hurlait par brèves saccades en dépassant les traverses à niveau de la voie ferrée et sans même s'arrêter à la gare. L'autre, le petit train, comme nous l'appelions, criait lentement et ralentissait aux abords de la ville avant de s'y arrêter. Les wagons de marchandise se traînaient de toute leur longueur et nous donnaient le temps de les compter. Parfois, une partie se séparait et disparaissait de notre horizon, puis le ruban mobile revenait s'attacher à la queue en attente. Tout cela provoquait des coups de sifflet, des jets de vapeurs coléreux, des soubresauts de ferraille, bref, une technique que nous parvenions à saisir. Quand le bruit déchirait l'écho, il fallait s'attendre à du mauvais temps; si les sons étaient brefs, c'était le beau temps.

Malgré notre absence de fréquentation du train, celui-ci faisait partie de notre quotidien. L'école était située près du chemin de fer; nous étions donc familiarisés, d'une autre manière, aux éléments de sa performance qui en perdait toute allure poétique. Quand, dans les champs, nous arrêtions nos gestes en criant: «Le train! Le train!», c'était un moment de liberté joyeuse garantie à la fois par notre autonomie pratique et le rappel à distance de cette mesure du temps.

La grand-messe

Chaque dimanche, la grand-messe était le rendez-vous d'une partie de la famille, surtout des adultes. Il y fallait une organisation matérielle, mais ce solennel exercice dominical apportait des satisfactions à plusieurs points de vue.

À l'époque, les paroissiens qui voulaient s'assurer une place à la grand-messe — celle où tous les textes latins de la liturgie du jour seraient chantés en grégorien —, devaient payer une redevance deux fois par année. À ces dates, on disait que les bancs seraient vendus — ils étaient plutôt loués — à de nouveaux preneurs. Les jubés étaient à la disposition des gens qui ne tenaient pas à une place fixe. Ceux qui maintenaient leur choix d'une «place de banc» avaient eu la précaution d'acquitter les frais avant l'échéance. Le tarif était différent selon que le banc était situé dans la grande allée ou dans les transepts. Selon cette technique, il arrivait qu'une même famille occupe le même banc pendant quelques générations. Ce fut notre cas pour le numéro vingt-sept, à droite de la grande allée.

Il y avait là trois places pour adultes; un enfant pouvait s'y glisser en plus. Il en serait quitte pour se faire petit et d'une tenue exemplaire. Un autre banc, loué dans le bas-côté, était au compte de grand-père. Il servait à celui-ci et aux enfants; nos tantes profitant, à cette occasion, de l'échange, allaient au banc de la grande allée.

De ce point, on voyait bien le sanctuaire et le regard suivait facilement les paroissiens qui avançaient vers leur place. Les manies étaient décelées, la démarche, examinée, les toilettes, notées en un éclair.

Le déroulement de la cérémonie liturgique impressionnait avec raison. Les habits soyeux des officiants, les soutanelles rouges des grands et des petits servants captaient le regard. Les acteurs en scène évoluaient sans anicroche dans un jeu de satellites les uns autour des autres en maniant qui le bénitier, qui l'encensoir. Pendant ce temps, la chorale exécutait la pièce de l'Introït, composition unique pour chaque dimanche.

Sans connaître la musique, nos oreilles étaient charmées par les subtiles mélodies du plain-chant. Notre missel nous permettait de suivre le texte latin et la fréquentation du pensionnat permit à quelques membres de la famille de déchiffrer les éléments de cette secrète beauté. Nos tantes se délectaient d'entendre les belles voix de certains professionnels dont elles distinguaient aussitôt l'identité. Notre père n'était pas le dernier à apprécier le grégorien, lui qui disait, un jour, se réjouir du retour des alléluias pascals.

Le dîner du dimanche donnait lieu à l'échange des impressions de toutes sortes qui avaient été recueillies par les uns et par les autres. Malgré la contrainte inexorable du jeûne eucharistique depuis minuit, le prochain rendez-vous serait une fête où il était tout à fait convenable de se présenter dans ses plus beaux atours.

Les séjours de grand-mère

Notre grand-mère maternelle demeurait aux États-Unis, dans une petite ville où l'élément francophone formait une bonne partie de la population. Il y avait, comme dans d'autres centres manufacturiers, écrit l'histoire des immigrés québécois du textile.

Chaque été, pendant les années où sa santé le lui permit, grand-mère venait nous faire une longue visite. Dans la correspondance que maman entretenait avec elle et ses filles, ç'avait été, au cours de l'hiver, le jeu de l'indécision sur cet éventuel séjour de l'aïeule. Puis, une bonne fois, une lettre réglait la chose.

Maman lisait ses missives à demi-voix, parfois assise, parfois debout près de la fenêtre. Groupés autour d'elle, nous écoutions sans bruit jusqu'au moment où sa voix devenait marmottante ou coupée par l'émotion qui la gagnait. C'était le cas quand grand-mère s'annonçait pour tel jour, au train de telle heure. Il y aurait aussi une grosse et lourde boîte-surprise à réclamer au poste des douanes.

L'annonce de son séjour attirait les parents qui se déplaçaient pour venir saluer la visiteuse et apprendre des nouvelles des «États». De ce nombre était notre grand-père paternel, notre voisin. Dès les premiers jours, il arrivait et causait durant quelques heures. Il parlait habituellement peu, mais un éternel sourire se dissimulait sous sa moustache blanche. Pour le moment, les deux interlocuteurs se faisaient des politesses, des amabilités à même les événements familiaux, après avoir traité le sujet de la santé réciproque. Nous étions un peu ébahis de suivre cet échange où les partenaires semblaient portés par le bien-être de l'heure.

Notre grand-mère était forte de taille, d'une allure assurée, peu touchée par l'émotion, quoique souriante et de bon accueil. Elle profitait de l'occasion de sa visite pour mieux nous connaître, nous habiller avec des vêtements que, de loin, elle avait choisis avec une étonnante précision. Son coup de main était précieux pour notre mère et il nous accordait un certain congé circonstancié. Cela créait sans doute aussi des temps de conversation plus intime entre la mère et la fille retrouvées.

Cependant, l'été avançait. Nous nous étions habitués à la présence de grand-mère, qui occupait une place parmi nous. La décision tombait soudainement: notre visiteuse partirait mardi. Nous étions sans réaction et silencieusement affectés pour maman. Dans l'échange du départ, nous passions à l'embrassade et l'adieu des deux femmes mêlait à la joie reconnaissante du séjour la promesse incertaine de se revoir l'an prochain.

La visite de tante Anna

Le nom de tante Anna évoquait pour nous une époque lointaine où cette personne avait marqué de sa compétence des générations d'élèves. Elle était toujours là et il nous serait donné de la rencontrer.

La sœur de notre grand-père maternel — tante Anna — avait fait une longue carrière d'institutrice qui lui avait donné, de son vivant, une réputation inégalée. Elle avait tenu l'école du rang pendant des années au temps où les élèves avaient une seule enseignante. Mon père et ses frères avaient suivi la classe sous son autorité. Ils en gardaient une profonde reconnaissance et la conviction qu'ils lui devaient tout leur savoir. Il en était sans doute ainsi des autres élèves du rang. Depuis quelques années, elle était à la retraite après avoir prolongé sa carrière en tenant une école privée.

Chaque été, elle venait rendre visite à ma mère. Par une belle matinée, nous la voyions arriver à pied, dans un habillement caractéristique, c'est-à-dire une longue jupe étroite et une blouse aux teintes pâles. Grande et encore droite, les cheveux coupés à la garçonne et portant des lunettes rondes et cerclées, elle souriait, mais elle gardait l'initiative de la conversation.

D'une question après l'autre, elle faisait le tour des membres de la famille. S'il y avait des enfants d'âge scolaire en sa présence, elle ne manquait pas de s'adresser à eux. C'était notre grande peur; nous nous sentions sous examen. Elle n'était pourtant en rien grincheuse ni sermonneuse. Il lui restait de bons souvenirs de sa longue carrière d'institutrice où les premières années étaient rétribuées au salaire de cinquante dollars sans compenser les frais de chauffage de l'école. La ferveur de l'éducation avait embelli ses journées où, disait-elle, elle avait varié son enseignement tous les quarts d'heure.

Tôt l'après-midi, tante Anna reprenait le chemin de la ville, ayant accompli sa visite officielle. Tout le monde retrouvait son souffle: celui des vacances ensoleillées où les enfants n'aimaient pas entendre parler d'école.

Faire les valises

L'été continuait ses jours de soleil, mais on sentait un adoucissement sur la fin de l'après-midi. En ce temps du moissonnage de l'avoine, on entendait les grillons striduler joyeusement. Une sensation troublante se dégageait pourtant de ces heures de fin d'été: la proximité du temps scolaire avec son bonheur ambigu.

Un matin de cette troisième semaine d'août, maman demandait aux étudiants de descendre leur valise du grenier et de la placer le long du mur de la salle à dîner. C'était comme une décoration mal venue, une note discordante dans l'allure des vacances.

Pendant les deux semaines à venir, utilisant tout le temps qu'elle pouvait épargner, notre mère faisait tous les métiers de l'entretien. L'uniforme de ce temps était le complet marine pour chaque jour de la semaine; on en prévoyait un second pour les dimanches et les cérémonies. Une inspection sérieuse s'imposait pour repérer les faiblesses des points d'usure, refaire les bords des pantalons, enlever les taches et presser les costumes que ces étudiants abandonneraient au désordre d'une valise qui remplaçait le porte-manteau absent.

Les autres pièces du trousseau demandaient moins de travail: elles étaient plus facilement renouvelées. Maman préparait deux séries parallèles, vérifiait les morceaux, questionnait les intéressés, notait dans sa mémoire ce qu'il fallait ajouter. Dans tous les cas, le souci prédominant était de fournir le minimum et d'inciter les collégiens à ménager leurs vêtements. C'était leur part de collaboration à l'effort conjugué de nos parents et des bienfaiteurs qui offraient à ces adolescents l'avantage de s'instruire en allant aux écoles, ce gage mystérieux d'avenir.

Nos parents faisaient confiance plus ou moins aveuglément au système éducationnel de l'époque qu'ils connaissaient d'ailleurs bien peu. Les intéressés avançaient d'année en année et jetaient dans la famille des mots nouveaux que nous assimilions, à la longue, avec les notions vulgarisées de ce qu'ils recouvraient. Le collège était situé à distance, ce qui le rendait inaccessible à nos visites et lui gardait une représentation tout imaginaire. Les étudiants n'auraient jamais songé à se plaindre, quand ils profitaient de la généreuse confiance de nos parents et de l'ébahissement des plus jeunes sur cette chance unique de prendre leur essor.

Les petits tours de Clara

Au nombre de nos voisins les plus proches, nous comptions des cousines de maman qui vivaient avec leur frère. Les relations se maintenaient en échangeant des bonjours au bord du chemin et, de temps en temps, par une réciproque visite d'une maison à l'autre.

Clara était la maîtresse de maison, tandis que ses sœurs travaillaient à la ville. Peut-être cela la rendait-elle plus sensible au vécu de notre mère à qui elle faisait, chaque semaine, une visite d'amitié. Par un bel après-midi, — c'était souvent le jeudi —, nous entendions soudain japper un petit chien à la porte. «Tiens, disions-nous, Clara s'en vient.» En effet, celle-ci arrivait bientôt en riant de l'aventure.

Les deux femmes s'installaient rapidement dans une conversation à bâtons rompus où les humbles choses de la vie quotidienne passaient l'une après l'autre. Le ton de l'entretien demeurait léger, Clara ayant un caractère enjoué qui faisait ressortir l'aspect amusant des choses. Jamais nous n'avions l'impression d'être censurés par son jugement; son rire sonore était plein d'humour et, peut-être, de connivence. Des nouvelles s'échangeaient — le temps du téléphone n'était pas encore arrivé pour nous —; des commentaires, des prévisions, des interrogations apitoyées et, surtout, des accents courageux. On vivait de cette énergique foi en la vie dont on faisait implicitement une mise en commun, ce jour-là.

Vers quatre heures, Clara mettait un terme à la causette, qui reprendrait d'elle-même à la prochaine occasion. Parfois, les cuisinières s'étaient échangé un pot de confitures ou de marinades dont on reparlerait. Cousine saluait en riant toujours et incitait petit Mousse à trotter devant elle, tandis que maman la remerciait à sa manière concrète et invitante: «À un autre tantôt!»

Les voyages en ville

Nous vivions à la campagne mais à peu de distance du cœur de la ville. Nous disions que, pour aller à l'église, il y avait deux milles à peu près. Cela se faisait facilement à pied, comme ce fut le cas pour plusieurs d'entre nous, le dimanche matin.

Les voyages décidés par maman étaient d'une autre sorte et prenaient une autre tournure. Elle devait faire, de temps en temps, certains achats de vêtements pour elle ou pour d'autres dont les besoins ne trouvaient pas leur compte dans les envois de notre grand-mère maternelle, excellente couturière à distance.

Quand venait le samedi prévu pour exécuter ce qu'elle avait en tête, maman ramassait ses commissions sur une liste qui datait toujours de quelque temps: articles pour la machine à coudre, petites choses pour les hommes comme des lames de rasoir ou pour les écoliers: gommes à effacer, petites plumes. Mentalement, elle dénombrait les boutiques qu'elle devait faire dans le temps à disposer. Après le dîner, elle disait: «Aujourd'hui, j'emmène une telle pour m'aider à tenir mes paquets.» C'était, en effet, le rôle de la petite fille qui accompagnait l'acheteuse.

D'un magasin à l'autre — de ceux qu'elle avait sélectionnés —, maman faisait ses réflexions. Ce n'était pas ce qu'elle voulait ou bien c'était réglé: on arrêterait à tel endroit et non à tel autre; on poursuivrait en haut de la côte et on achèverait ici. Elle soupesait les paquets en disant: «Il faut penser qu'on n'est pas rendu.» En somme, ce n'était rien d'un shopping de détente; au contraire, la dépense semblait un poids bien lourd à l'administratrice.

Quand approchaient les Fêtes, les voyages en ville prenaient un attrait nouveau. Il fallait bien acheter quelques étrennes, un moment donné. Alors, nous guettions la décision maternelle. Voici que maman demandait à son grand fils de la conduire en boghey ou en «carriole». Ce serait un soir de la semaine avant Noël et il y aurait quelques colis à rapporter. Celle qui escorterait l'acheteuse, à cette occasion, serait au courant des cadeaux de quelques-uns de ses frères et sœurs. Elle aurait même l'occasion de donner son avis sur le choix à faire pour contenter l'un ou l'autre, entrant par là même, dans le secret du père Noël. Ce ne serait pas facile de se taire sur les cadeaux et sur la cachette qui les dérobait à la curiosité enfantine.

Les voyages en ville, pour magasiner, étaient peu nombreux et, parce qu'ils étaient planifiés, ils étaient réussis. Toujours courts, surtout si on voyageait à pied, ils étaient certes fatigants à cause des souliers inconfortables de l'époque. Ma mère les assumait par nécessité en triomphant des ennuis qu'elle savait réduire. Après le souper, elle allait chercher ses colis et, en les déballant, elle commentait soit les circonstances de l'achat soit son coût excessif ou encore l'aubaine qu'elle y voyait. Il y avait aussi des remarques sur les gens rencontrés, l'allure de la ville, l'ennui de chercher si longtemps la moindre chose. Au lieu de se plaindre du surcroît de fatigue occasionné par cette course, elle concluait, satisfaite, en s'adressant à l'un de nous: « Eh! bien, te voilà "greyé" d'un foulard; maintenant, fais-y attention et ménage-le.»

Les retraites

Chaque année, l'Église, qui se faisait fort de ne pas négliger le gros du troupeau, organisait dans toutes les paroisses, à un moment choisi, l'exercice des retraites collectives. Le mois de novembre, — appelé le mois des morts —, semblait être celui où la population rurale ne pourrait trouver un prétexte pour s'absenter. À l'avance, le curé de la paroisse annonçait les prédicateurs que l'on choisissait sur leur réputation de rassembleurs ou d'hommes de Dieu. Aux messes du dimanche d'ouverture de la retraite, les assistants avaient tous l'occasion d'entendre l'un de ceux-là et de se faire l'opinion.

Pendant deux semaines, il y aurait donc grande consommation de sermons des mieux choisis et apprêtés. La clientèle féminine était convoquée en premier: les femmes mariées, dans l'église supérieure; les célibataires, au sous-sol. Tous les soirs, à la même heure, les deux groupes entendraient une catéchèse exemplaire. La semaine suivante, les hommes et les jeunes gens se feraient les volontaires pour écouter une présentation dogmatique souvent agrémentée d'anecdotes illustrant la divine miséricorde. Chaque soir, donc, de ces deux semaines, un homme de la famille ou de chez le voisin attelait un cheval et conduisait les dames — maman et mes tantes — à la retraite. La deuxième semaine était moins onéreuse: les hommes étaient entre eux et pour eux.

Les sujets de conversation de ces jours-là étaient autres qu'à l'habitude. Parfois, nos interrogations arrachaient aux retraitants quelques mots bien mesurés, parfois des commentaires pertinents nous remettaient à notre place d'enfants sans questions. D'un soir à l'autre, les fidèles connaissaient le sujet de la prédication du lendemain et l'alternance des prédicateurs mettait du piquant. La semaine des hommes prenait du relief: on s'attendait à quelque chose de plus corsé, surtout au sous-sol, chez les jeunes gens. À partir du jeudi, on parlait de confession; on en faisait la préparation, souvent, par une tonitruante descente en enfer. Le dernier soir était réservé à la corvée des confessions: longue séance d'attente inquiète et de patiente écoute. Des ecclésiastiques des environs venaient prêter main-forte — si l'on peut dire — lors de cette soirée. Les habitués de tel confesseur se voyaient parfois frustrés quand il avait cédé son confessionnal à un étranger; d'autres, au contraire, tombaient sur celui qu'ils avaient essayé d'éviter.

En somme, l'enjeu était immense de vouloir faire la grande lessive de la paroisse de cette méthodique façon. À l'énergie déployée par le magistère, celle des ouailles correspondait-elle avec générosité? En tout cas, la scène du dérangement quotidiennement assumé par nos parents témoignait d'une grande foi au leadership de l'Église du temps, celui d'avant le pouvoir de l'électronique.

Les surprises du Temps

L'éclipse totale du soleil

Qui se souvient de l'éclipse totale du soleil? Ce phénomène extraordinaire se produisit dans mes premières années de fréquentation de l'école du rang. C'est sans doute grâce à l'information qui en fut donnée que nous devînmes des témoins actifs et gratifiés.

Comment l'institutrice avait-elle réussi à nous sensibiliser à l'événement? Sans doute, par quelques pages de vulgarisation des journaux ou, peut-être, par le truchement de «L'Enseignement primaire», cette revue mensuelle que le département de l'Instruction publique fournissait à tous les enseignants. Nous savions, en gros, ce qui arriverait: la lune viendrait lentement passer devant le soleil et le dérober complètement à la vue. Pour suivre, des yeux, l'opération, il faudrait prendre certaines mesures de précaution très simples. C'était une invitation à nous organiser.

Probablement que notre insistance collective — nous étions toujours dans la famille quatre ou cinq écoliers à la fois — persuada nos parents de ne pas manquer ce moment unique. La préparation commença. Il suffisait de protéger les yeux pendant qu'ils fixeraient l'astre du jour. À défaut de lunettes appropriées, on nous avait dit de fumer des morceaux de verre à tenir devant l'œil ou de faire un trou d'épingle dans un carton assez grand.

Au jour indiqué, — avions-nous congé d'école? —, nous fûmes réunis dans la cour, au début de l'après-midi, maman et les enfants, à peu de distance du perron, sur un drap blanc, en fébrile attente, avec notre morceau de verre. Les hommes observeraient à partir de leur secteur de travail. Nous vîmes bientôt la lune s'approcher de l'astre lumineux, le voiler de plus en plus, jusqu'à produire une soudaine obscurité.

Notre ébahissement jouait à plein malgré notre connaissance du développement de l'éclipse. Ce que nous n'avions pas prévu et que personne ne nous avait annoncé, ce fut la course éperdue des volailles vers le poulailler où cette nuit factice les appelait inopinément.

Le pavé de galets

La qualité des chemins de campagne était une question pratique mise à l'épreuve chaque année. L'amélioration se faisait lentement, mais rien n'était définitif. C'était aussi le sort du chemin d'entrée de la cour. Pas très bien nivelé, il restait humide par endroits et se creusait peu à peu d'ornières. Il séparait le parterre du petit verger et aboutissait devant le hangar des voitures.

C'est devant cette remise que les chevaux étaient attelés aux voitures légères. C'est là que nous y prenions place lors de nos sorties vers l'église ou pour quelques rares promenades. Il était très désagréable d'avoir à chercher où mettre le pied. Une couche de gravelle avait été étendue devant la façade du hangar, mais les petites pierres avaient vite disparu dans le sol. La maîtresse de maison cherchait une autre solution quand, un jour, sa cousine la lui apporta toute prête: le galet.

À peu de distance mais en dehors de notre propriété, serpentait une petite rivière, la seule aux environs. À l'endroit dont il est question, elle coulait entre des berges schisteuses que le creusage avait chargées de ses débris à l'abandon. Il suffisait de se donner la peine d'aller en chercher et d'en faire l'essai comme matériau de pavage. Durant l'été, avec la main d'œuvre des étudiants, papa aménagea le wagon double avec son plancher de madriers étroits et ses côtés bien solides pour aller chercher les blocs de galets.

Ceux-ci était lourds, anguleux et difficiles à manier parce qu'ils pouvaient être coupants pour les mains. La charge était vite limitative à cause de son poids; on eut donc à la répéter plusieurs fois. Devant le hangar, on dessina un grand quadrilatère incluant le côté de la bergerie. Dans cet espace et sur le chemin d'entrée, on laissa tomber les blocs aux formes curieuses. Alors, tout le monde se mit au travail pour les casser. Avec des marteaux de toutes les grosseurs et, parfois, la masse de fer, on obtenait des lamelles assez plates qu'on prit plaisir à distribuer en tout point de la surface déterminée. Certains noyaux résistèrent à tous les efforts; c'était en somme très peu de dégâts.

À la fin de l'opération, une belle épaisseur d'un bleu d'encre reposait l'œil et offrait un plancher vite séché par un excellent drainage. Au début, ces cailloux étaient instables et il ne faisait pas bon y marcher pieds nus. Les chevaux hésitaient aussi à y poser leurs sabots qui glissaient. Mais le printemps suivant nous réservait une surprise majeure: la gelée avait fait éclater les pièces les plus épaisses et le plateau de galets bleus offrit ses bienfaits pendant de nombreuses années.

Isoler la maison

La maison que nous habitions était grande et belle, sur le modèle d'une double construction — l'une plus basse que l'autre — liée par un mur mitoyen. Les pignons superposés regardaient l'ouest; de l'autre côté, le plus haut faisait face au chemin passant. Solide et logeable, elle manquait pourtant du confort moderne qu'apporte l'isolation thermique. Exposée aux quatre vents, elle donnait asile à tous les courants d'air. Nos parents souhaitaient y porter remède sans faire de dépense; ils allaient bientôt y réussir.

Par un été où le travail aux champs laissait quelques jours libres, mon père et ses fils — y compris les étudiants — mirent le projet en place. Il s'agissait d'aller chercher, au moulin à scier le bois de construction, du bran de scie pour en faire un matériau d'isolation. Rien d'autre à faire que de le recueillir et de le transporter soi-même.

Le plus simple était de se munir d'un bon nombre de sacs de jute. On choisissait les plus grands et on évitait soigneusement ceux qui pouvaient être troués. Sur le terrain du moulin à scie, un énorme cône blond offrait ses grains légers à l'ensachage. L'équipe préparait des sacs tout arrondis et en chargeait le grand wagon double. Aucun de ces gestes ne causait de l'épuisement; il suffisait d'éviter de remuer brusquement la sciure, le déploiement de l'air emportant les grains en une poussière fatale pour les yeux.

Pour exécuter l'isolation prévue, il fallait monter jusqu'au grenier de chaque maison, se glisser à la base des ravalements et vider lentement la sciure dans chaque section des murs. C'était à n'en pas douter, l'impression d'un gouffre et le travail dura plusieurs jours. Peu à peu, le remplissage avançait grâce au matériau transporté par une autre partie de l'équipe.

Pour ces ouvriers improvisés, les dimensions de la bâtisse s'inscrivaient solidement dans la mémoire ainsi que le nombre étonnant de sacs qui furent vidés. Quant aux femmes, elles écopaient du balayage des grains de sciure attachés aux pas des marcheurs. Désormais, une sécurité habita la conscience de tous: le chauffage donnerait son rendement. Nous y étions pour quelque chose.

Les «quêteux»

Il passait, de temps en temps, de ces «quêteux» qui, sans entrer, demandaient «la charité, pour l'amour du bon Dieu» sans avoir l'intention de s'attarder. Maman prenait une petite pièce de monnaie et la donnait à un enfant en lui disant: «Va la lui porter.» Une ou deux fois par année, il en venait un autre spécimen plus frappant pour notre mémoire: ceux qui arrivaient de loin.

Peu de temps avant le repas du soir, on cognait à la porte. D'une voix basse, le mendiant avec un sac en bandoulière demandait s'il pouvait trouver à coucher. Par l'entremise de ma mère, nos parents acquiesçaient en offrant de dormir dans la grange ou derrière le poêle, en hiver. Ces conditions étaient sans doute suffisamment bonnes puisqu'elles étaient acceptées. Aussitôt entré dans la maison, le quêteux se faisait demander «Avez-vous soupé?», question qui entraînait une mise à table certaine.

À partir de ce moment, nous demeurions figés par l'inattendu de la situation, quelque peu incommodés même pour faire nos devoirs de classe. L'homme s'assoyait près du poêle en silence, ayant vite répondu aux questions de routine: «Venez-vous de loin? Combien de milles avez-vous faits aujourd'hui? Jusqu'où allez-vous comme ça?» Mon père retournait voir aux bêtes; ma mère vaquait à finir ses occupations.

Nous portions une inquiétude qui teintait de tristesse notre curiosité. Nos regards, à la dérobée, ne récoltaient rien de réjouissant. Comment imaginer les sentiments de cet homme, sa vie, son âge? Avait-il une maison? Sans bruit, nous montions dormir en pensant que lui, n'aurait pas de lit. Le lendemain matin, avant même de prendre pied dans la journée, nous apprenions que le «quêteux» était parti.

Sur l'événement, il y aurait assez peu d'échanges avec nos parents. Ceux-ci avaient pris un risque généreux et dérangeant; nous le devinions. À nous, il restait la réflexion sur le respect d'une situation pleine de mystère et la manière d'y faire face une autre fois.

Les vendeurs ambulants

Les vendeurs ambulants étaient des visiteurs importuns dans leur empressement à vendre quoi que ce soit, mais d'un grand pouvoir de fascination parce qu'ils improvisaient en maîtres.

Les uns représentaient une marque de commerce ou une maison de production qu'on venait à bien connaître. Leur passage était régulier, les vendeurs s'identifiaient à un produit pendant des années, la marchandise variait peu: autant de caractéristiques de fiabilité. Tel était le cas des produits Watkin's, Rawley, Fuller et, plus tard, Familex. Sur l'utilité éventuelle de ces choses, la ménagère savait déjà à quoi s'en tenir, de sorte que c'était elle qui prenait l'initiative. Elle pouvait même faire une commande, qui lui serait apportée à domicile. Dans ces occasions, les interlocuteurs semblaient être au même niveau pour négocier et le fait de ne rien acheter ne donnait pas une fausse impression.

Une autre sorte de vendeurs ambulants se présentaient à l'improviste, quand les chemins étaient «passables». C'était les colporteurs. Ils venaient à pied, tenant sur une épaule ou à la main une énorme valise pliante dont les entrailles recelaient mille choses enviables.

À peine l'un de ces vendeurs avait-il frappé à la porte qu'il se trouvait en position pour exposer son stock. Assis sur le bout de la chaise, il laissait s'abattre sur le plancheur les deux moitiés de la marmotte où des compartiments se défaisaient encore pour laisser voir des pots, des fioles, des épingles, des colliers et, au fond, des foulards, des gants, des cravates, des guêtres et quoi encore? L'exhibition était accompagnée d'une incantation savante: la nomenclature des produits pendant que la main les soulevait les uns après les autres.

Dès le début de la mise en scène, ma mère avait prévenu le vendeur qu'elle n'avait besoin de rien. Nous étions, en effet, tout à fait éloignés de ce genre de consommation. Malgré cela, nous, les enfants, à l'écart, avions les yeux rivés sur l'étalage coloré et si invitant. Il arrivait que maman achetât une paire de lacets de souliers ou une carte d'épingles à chignon. Le troc était complété.

Alors, tout en continuant d'écouler un flot de paroles aimables, le vendeur faisait le rangement de la marchandise dans la caisse. Les tiroirs souples se replaçaient, le couvercle refermait la caisse des richesses dans un cliquetis de loquets et de boucles retenant les courroies de sûreté. L'homme reprenait son harnais, remerciait et ne manquait pas de se donner rendez-vous, nous laissant, les uns les autres, encore tout ébahis.

Table des matières

MARQUIS

ACHEVÉ D'IMPRIMER EN AOÛT 1995
SUR LES PRESSES DE
L'IMPRIMERIE D'ÉDITION MARQUIS
MONTMAGNY (QUÉBEC)